# 渉外離婚事件の基礎

◀ 相談・受任から離婚後の諸手続まで ▶

大谷美紀子 [編]

青林書院

# はしがき

　日本に住む外国人が離婚問題に直面したとき，弁護士に相談し，依頼するのは，容易なことではありません。言葉や文化の違いに加えて，離婚や離婚後の子どもの親権についての制度は，国によって異なり，どこの国で手続をすれば良いのか，どこの国の法律が適用されるのかという問題があるため，「難しい」という印象から相談に応じることをためらう弁護士も少なくないからです。同様の問題は，外国人と結婚した日本人，あるいは，外国に住む日本人が離婚問題を弁護士に相談しようとする場合にも見られます。

　そこで，私は，自分が積極的に渉外離婚事件（当事者の国籍や住所等に「外国」の要素を含む離婚事件）の相談を受け，受任することに加えて，多くの弁護士が渉外離婚事件を扱いやすくなるように，外国人の事件を扱う弁護士のネットワークを広げ，全国各地で講義し，本を出すなどの活動をしてきました。

　本書は，中でも，はじめて渉外離婚事件の相談を受け，受任することになる弁護士を念頭に置いて，国際裁判管轄と準拠法という概念を設問を通して理解できるよう，また，離婚に加えて，別居から離婚に至る過程で生ずる諸問題，離婚に付随する子どもと財産の問題，離婚後の手続という流れに沿って，基礎的な知識を大掴みできるようにＱ＆Ａ形式で解説しています。特に，本書の作成にあたっては，全国各地から，渉外離婚事件を何件か扱ったことがある弁護士と，ほとんど扱ったことがない弁護士に執筆に参加してもらい，渉外離婚事件の経験があまりない弁護士にとって，わかりにくい点，知りたい点，誤解しやすい点という観点から，設問や解説のポイントを選んでいます。本書が，多くの弁護士，その他，渉外離婚事件に関わる方たちの役に立つことを願います。

　2019年6月

編者　大谷　美紀子

## 編者・執筆者紹介

### 編　者

大谷美紀子（弁護士，東京弁護士会）

### 執筆者（五十音順）

秋吉理絵香（弁護士，広島弁護士会）

淡川佐保子（弁護士，愛媛弁護士会）

今井明日香（弁護士，札幌弁護士会）

大坂　恭子（弁護士，愛知県弁護士会）

大谷美紀子（上掲）

高瀬　朋子（弁護士，大阪弁護士会）

本坊憲緯子（弁護士，第一東京弁護士会）

松本　佳織（弁護士，大分県弁護士会）

水内麻起子（弁護士，埼玉弁護士会）

村上　尚子（弁護士，沖縄弁護士会）

# 凡　　例

## I　叙述の仕方

(1)　叙述は，原文引用の場合を除いて，原則として常用漢字，現代仮名遣いによりました。

(2)　解説中の見出し記号は，原則として，**I II III**……，(1)(2)(3)……，(a)(b)(c)……，(ア)(イ)(ウ)……の順としました。

## II　法令の表記

(1)　地の文における法令名の表記は，原則として，正式名称によりました。

(2)　カッコ内における法令条項の引用は，原則として，次のように行いました。

(a)　主要な法令名については，後掲の「法令略語例」を用いました。

(b)　同一の法令の条項は「・」で，異なる法令の条項は「，」で併記しました。それぞれ条・項・号を付し，「第」の文字は省きました。

## III　判例，裁判例の表記

判例，裁判例は，原則として，次の〔例〕のように表記し，後掲の「判例・文献関係略語例」を用いました。

〔例〕平成8年6月24日，最高裁判所判決，最高裁判所民事判例集50巻7号1451頁　→　最判平8・6・24民集50巻7号1451頁

## IV　文献の表記

文献は，原則として，次のとおり表記しました。

著者名『書名』頁数

編者名編『書名』頁数〔執筆者名〕

執筆者名「論文名」掲載誌頁数

vi　凡　例

## ■法令略語例

| 家手 | 家事事件手続法 | | 定法 |
| 戸 | 戸籍法 | ハーグ条約 | 国際的な子の奪取の民 |
| 人訴 | 人事訴訟法 | | 事上の側面に関する条 |
| 通則法 | 法の適用に関する通則 | | 約 |
| | 法 | ハーグ条約実施法 | 国際的な子の奪取の民 |
| 特例法 | 民事訴訟手続に関する | | 事上の側面に関する条 |
| | 条約等の実施に伴う民 | | 約の実施に関する法律 |
| | 事訴訟手続の特例等に | 民 | 民法 |
| | 関する法律 | 民訴 | 民事訴訟法 |
| 入管 | 出入国管理及び難民認 | | |

## ■判例・文献関係略語例

| 大 | 大審院 | 民録 | 大審院民事判決録 |
| 最 | 最高裁判所 | 民集 | 大審院民事判例集又は |
| 高 | 高等裁判所 | | 最高裁判所民事判例集 |
| 地 | 地方裁判所 | 裁判集民事 | 最高裁判所裁判集民事 |
| 家 | 家庭裁判所 | 高民集 | 高等裁判所民事判例集 |
| 支 | 支部 | 家月 | 家庭裁判月報 |
| 判 | 判決 | 判時 | 判例時報 |
| 決 | 決定 | 判タ | 判例タイムズ |
| 審 | 審判 | 法セ | 法学セミナー |

目　　次　vii

# 目　　次

はしがき

編者・執筆者紹介

凡例

## 序章　はじめて渉外離婚事件を扱う弁護士に伝えたいこと (1)

·····························································【大谷　美紀子】(1)

Ⅰ　この本の役割——基礎知識を，なるべく実務的に (3) ／Ⅱ　渉外離婚事件の流れ (5) ／Ⅲ　相談において気をつけるべきこと (8)

## 第1章　離婚の手続 (11)

### Q1　国際裁判管轄及び準拠法 ·····························【松本　佳織】(13)

渉外家事事件の場合，どの国の裁判所が当該事件を扱うことができるのでしょうか（国際裁判管轄の問題）。複数の国の裁判所に国際裁判管轄が認められる場合には，どの国で提訴するのがよいでしょうか。

また，その事件についてどこの国の法律が適用されるのかは，どのように決定されますか（準拠法の問題）。

Ⅰ　国際裁判管轄 (13) ／Ⅱ　準拠法 (17)

### Q2　離婚及び離婚に附随する問題の国際裁判管轄 ···············【松本　佳織】(20)

離婚訴訟について，日本の裁判所に国際裁判管轄が認められるのは，どのような場合ですか。離婚請求に附帯して，あるいは，別途，子の親権や監護に関する処分，養育費，財産分与，慰謝料を請求する場合とで，日本の裁判所に国際裁判管轄が認められるか否かについて違いはありますか。

Ⅰ　離婚事件についての日本における国際裁判管轄決定の基本的ルール (20) ／Ⅱ　離婚事件の国際裁判管轄が日本の裁判所に認められる場合 (22) ／Ⅲ　離婚の関連請求の国際裁判管轄について (23) ／Ⅳ　渉外家事事件における合意管轄，応訴管轄 (25) ／Ⅴ　「住所」について (26)

viii 目　次

**Q3　離婚及び離婚に附随する問題の準拠法** ………………………【松本　佳織】(27)

　　相談者の日本人妻は，イギリス人夫と結婚し，日本で生活してきましたが，離婚したいと考えています。離婚についてどこの国の法律が適用されますか。また，離婚訴訟の中で，子の親権・監護権，養育費，財産分与，慰謝料を求める予定ですが，この場合に適用される法律はどこの国の法律でしょうか。

　　Ⅰ　離婚の準拠法の決定(27) ／Ⅱ　渉外離婚事件について通則法に基づき日本法が適用される典型例(29) ／Ⅲ　離婚に関連する請求の準拠法の決定(30) ／Ⅳ　準拠法を決定する際の留意事項(31) ／Ⅴ　先決問題としての婚姻の有効性(33)

**Q4　日本における離婚手続の選択** ………………………………【松本　佳織】(34)

　　日本法が規定する離婚手続には，協議離婚，調停離婚，審判離婚，裁判離婚がありますが，手続選択の判断をする場合，通常の離婚事件と渉外離婚事件とで違いがありますか。

　　Ⅰ　渉外離婚事件における各離婚手続の特徴(34) ／Ⅱ　渉外家事事件の処理方針決定における留意点(37) ／Ⅲ　各離婚手続に共通する渉外離婚事件特有の留意点(38)

**Q5　協議離婚の手続と留意事項** …………………………………【淡川　佐保子】(42)

　　私は日本人で，日本で外国人の夫と結婚しています。この度，夫と離婚することで合意しました。離婚の方法について，私は市役所に離婚届を提出して済ませたいのですが，夫はそれで有効に離婚できるのか不安がっています。日本の協議離婚の方法で離婚できるでしょうか。

　　Ⅰ　協議離婚の手続について(42) ／Ⅱ　外国人との離婚について協議離婚の方法を採用することが適当かどうか(44) ／Ⅲ　離婚届不受理届を提出した外国人当事者がそのまま本国に帰った場合(46)

**Q6　調停離婚の手続と留意事項** …………………………………【淡川　佐保子】(48)

　　私は日本人で，中国人の夫と日本で結婚していましたが，数年前から別居しています。現在夫は中国に住んでいます。夫との間の子は，出生からずっと私が日本で育てています。現在夫とは，離婚及び私が親権をもつことで合意していますが，面会交流や財産分与についてまだ合意できていません。日本の裁判所で調停をできるでしょうか。可能である場合，調停の進行について注意する点はありますか。

　　Ⅰ　調停離婚の手続について(48) ／Ⅱ　渉外事件における調停離婚の可否について(49) ／Ⅲ　調停実施における手続上の問題(50) ／Ⅳ　外国人当事者の本国における承認(52)

目　次　ix

## Q7　審判離婚の手続と留意事項　………………………………【淡川　佐保子】(55)

日本では審判離婚という離婚の方法があると聞きましたが，どういう手続ですか。外国人当事者との離婚の場合に審判離婚の方法で離婚するメリットは何ですか。

　Ⅰ　審判離婚について——調停に代わる審判（55）／Ⅱ　外国人当事者の本国における承認（56）／Ⅲ　調停に代わる審判の活用方法（57）

## Q8　判決離婚の手続と留意事項（和解離婚を含む）…………【淡川　佐保子】(58)

私は日本人で，アメリカ人の妻と結婚して婚姻期間を通じて日本で暮らしていました。数年前から不和で，去年妻は私を置いて突然全財産をもってアメリカに帰国してしまいました。私はもう妻と離婚したいのですが，妻を相手に離婚の裁判をすることができるでしょうか。日本で裁判をする場合，どのようなことに配慮して裁判の準備を行えばよいでしょうか。

　Ⅰ　人事訴訟について（58）／Ⅱ　日本での裁判の可否について——管轄の問題（59）／Ⅲ　準拠法の問題（59）／Ⅳ　日本で裁判するのか，外国で裁判するのかの比較検討，選択（60）／Ⅴ　日本で裁判する場合の実務上の注意点（61）

## Q9　渉外離婚事件の裁判手続における送達・送付　…………【淡川　佐保子】(65)

私は日本人ですが，夫がフィリピンに帰ってしまったので，日本で離婚の裁判を起こそうと考えています。裁判書類を相手方に送る送達という制度があるそうですが，どのくらいの時間がかかるのですか。夫が所在不明の場合には送達はできないのでしょうか。

　Ⅰ　外国への裁判文書送達制度について（65）／Ⅱ　日本の裁判書類を国外に送達する場合（66）／Ⅲ　国外の裁判書類が日本に送達されてくる場合の対応（73）／Ⅳ　調停・審判事件における「送付」（73）

## Q10　渉外離婚事件の裁判手続における立証　…………………【今井　明日香】(75)

私と夫はカナダ国籍で，カナダで結婚しました。その後，10年前に日本に移住しましたが，5年ほど前から夫婦関係が悪くなり，離婚を考え始めました。離婚について夫と直接話し合いましたが，結論が出ないので調停を申し立てたものの，夫が離婚に同意せず不成立となりました。離婚したいという気持ちは変わらないので，日本の裁判所に離婚訴訟を提起したいと考えています。離婚訴訟で立証しなければならないことや，立証の方法について教えてください。

　Ⅰ　外国法の立証（75）／Ⅱ　書証の収集と提出（76）／Ⅲ　証人尋問（77）

## Q11　渉外離婚事件におけるADRの活用　…………………【今井　明日香】(79)

私は日本人で，アメリカ人の夫と5年前に日本で結婚し，夫との間に4歳の子がいるのですが，離婚したいと思っています。夫は，私と別れることはしかたが

ないと言っていますが，日本の離婚手続についてよくわからないため，離婚した
ら子に会えなくなるなど，自分に不利な条件で離婚させられてしまうことを心配
して，離婚に応じることを躊躇しています。裁判所以外で，ADRという手続を利
用して夫との話合いを進められると聞いたのですが，どのような機関がどのよう
に手続をしてくれるのですか。

　　Ⅰ　裁判外紛争解決手続機関（79）／Ⅱ　ADRを利用するメリット（82）／Ⅲ
　　依頼者に説明する際の注意点（83）

## Q12　日本の離婚制度と諸外国の離婚制度の違い──離婚原因・手続・その他
　　……………………………………………………【今井　明日香】（85）

　　私は，日本人の夫と結婚している日本在住の韓国人です。夫との間には10歳の
子が1人います。先日，突然，夫から離婚したいと言われました。私としては，
夫から離婚される理由は何もないと思っていますし，離婚はしたくないのですが，
夫は浮気しているようなので私と離婚したいのかもしれません。日本の離婚制度
についてはよくわからないので，今後，どうなるのか不安です。日本の離婚制度
には，どのような特徴があるのでしょうか。

　　Ⅰ　日本の離婚制度の特徴（85）／Ⅱ　離婚手続（86）／Ⅲ　離婚原因（88）

## Q13　外国裁判所で離婚訴訟を提起された場合　………………【今井　明日香】（92）

　　私は日本人でオーストラリア人の妻と結婚していますが，妻と不仲になり，妻
は1人でオーストラリアに帰国してしまいました。この度，オーストラリアにい
る妻から，オーストラリアの裁判所で離婚訴訟を提起したという連絡がありました。
オーストラリアの裁判所で離婚の判決が確定した場合，その判決は日本でも有効
なものなのでしょうか。

　　また，オーストラリアの離婚裁判に関する書類が送られてきた場合には，どの
ように対応するべきでしょうか。

　　Ⅰ　外国判決の承認（92）／Ⅱ　外国の裁判に関する送達時の対応（95）／Ⅲ
　　判決後の対応（96）

## 第2章　別居の開始から離婚にいたるまで（99）

## Q14　渉外離婚事件における別居の際の留意事項　…………【水内　麻起子】（101）

　　国際離婚において，別居をしている場合，どのようなことに気をつけなくては
ならないでしょうか。

　　Ⅰ　弁護士が関わる時期（101）／Ⅱ　子と住居の問題（102）／Ⅲ　別居中の
　　婚姻費用の問題（102）／Ⅳ　在留資格（103）

目　次　xi

**Q15　婚姻費用の国際裁判管轄と準拠法** …………………………【水内　麻起子】(104)

　　私は日本国籍で，夫はオーストラリア国籍です。夫とは日本で結婚し，結婚し
　てから2年後に日本で長男が生まれました。長男は現在5歳です。夫と日本で生
　活していましたが，夫は別の女性と交際して家を出て行ってしまいました。夫は
　日本に居住しており，住んでいるところはわかっています。夫からの生活費がな
　ければ生活できません。生活費の請求をするつもりですが，話がまとまらない場合，
　日本の裁判所を利用することができるでしょうか。日本の裁判所を利用できる場合，
　どこの国の法律に基づいて判断されるのでしょうか。

　　　Ⅰ　婚姻費用の国際裁判管轄（105）／Ⅱ　婚姻費用の準拠法（106）

**Q16　別居に伴う子の移動** ……………………………………………【水内　麻起子】(109)

　　私は日本人です。イギリス人の夫と日本で結婚し，長女が日本で生まれました。
　夫と長女と日本で生活していましたが，別居をすることになり，長女を連れて家
　を出ようと思っています。長女は3歳です。今後，夫との間で長女について何を
　取り決めるのが望ましいでしょうか。

　　　Ⅰ　子の監護について（109）／Ⅱ　子との面会交流（111）／Ⅲ　子の監護・
　親権・面会交流に関する日本と諸外国の法制度の違い（112）

**Q17　DVからの保護** ……………………………………………………【水内　麻起子】(114)

　　私はアメリカ国籍です。日本人の夫と日本で結婚しました。現在，私は「日本
　人の配偶者等」の在留資格で日本に滞在しています。夫と日本で生活していまし
　たが，夫の家庭内暴力（DV）がひどかったため，私は配偶者暴力等に関する保護
　命令を申し立て，保護命令が発令されました。
　(1)　今後，私は家を出ていかなくてはならないでしょうか。
　(2)　また，今後も日本で生活したいと思っていますが在留資格更新に夫の協力
　　　は得られません。日本で生活し続けられるでしょうか。
　(3)　新しい家の住所を夫に知られないようにすることができるでしょうか。

　　　Ⅰ　DVにより家を出る必要性（114）／Ⅱ　DVと在留資格（115）／Ⅲ　外
　国人の住民票の非開示（117）

## 第3章　別居・離婚と子 (119)

### Q18　別居・離婚の際の子に関する日本と諸外国の法制度の違い

……………………………………………………………………【村上　尚子】(121)

　　別居や離婚になった際の子に関する法制度について，日本と諸外国はどのよう
　な点で違いがありますか。

　　　Ⅰ　別居・離婚の際の子に関する日本の法制度（121）／Ⅱ　別居・離婚の際の

xii　目　次

子に関する諸外国の法制度（122）

**Q19　諸外国における共同親権・監護権制度** ………………【村上　尚子】（123）

私は日本国籍ですが，妻と子はA国籍です。妻と離婚することになりました。子の親権の指定や子の監護に関する事項は，どこの法律に基づいて決めることになりますか。また，その内容はどのようなものでしょうか。

Ⅰ　準拠法（123）／Ⅱ　共同親権・共同監護権（123）／Ⅲ　離婚後の子の転居（125）

**Q20　日本の単独親権制度について** …………………………【村上　尚子】（126）

私はA国籍，妻は日本国籍，娘も日本国籍です。妻と離婚することになりましたが，離婚後の娘の居所，養育など子の監護に関する処分について，どのような取決めが必要でしょうか。

Ⅰ　準拠法（126）／Ⅱ　日本法における単独親権（127）／Ⅲ　親権の内容，判断基準（127）／Ⅳ　諸外国との主な違い（128）／Ⅴ　依頼者が納得しない場合にとり得る解決策（128）／Ⅵ　監護権（129）／Ⅶ　離婚後の親権者変更（130）

**Q21　諸外国における面会交流制度** …………………………【村上　尚子】（131）

私と子はA国籍で，元妻は日本国籍です。家族でA国で生活していましたが，離婚後，子は日本で元妻が監護しています。私と子との面会交流について，どのような制度になるのか教えてください。

Ⅰ　準拠法（131）／Ⅱ　諸外国における面会交流（131）／Ⅲ　面会交流を実現するための方策（133）

**Q22　日本の面会交流制度** ……………………………………【村上　尚子】（135）

私は，アメリカ国籍で，妻は日本国籍で，娘も日本国籍です。妻と離婚し，妻が娘の親権者となる予定です。離婚後，私と娘との面会交流はどのようになるのでしょうか。

Ⅰ　準拠法（135）／Ⅱ　日本での面会交流の特色（135）／Ⅲ　調停・審判手続（136）／Ⅳ　面会交流の支援（137）／Ⅴ　面会交流についての離婚後の取決め・変更（138）／Ⅵ　執行方法・履行の確保（138）／Ⅶ　面会交流に関する日本での決定の外国における承認・執行（139）

**Q23　渉外離婚事件における子の問題の解決のための工夫** ……【高瀬　朋子】（141）

国際結婚をした夫婦ですが，離婚に際し，子の問題について話合いの中で注意したり工夫したりしておくことはありますか。

Ⅰ　渉外離婚事件における子の監護に対する考え方（141）／Ⅱ　子の問題の解

目 次 xiii

決のための工夫（*142*）

## Q24　婚外子の親権に関する日本と諸外国の法制度の違い ……【高瀬　朋子】（*144*）
私は日本人ですが，ドイツで生活し，その間にドイツ人男性と交際して妊娠・出産しました。私たちは一緒に生活していますが結婚をしていないため，私が子どもの親権者となるのでしょうか。
　Ⅰ　日本における婚外子の親権に関する制度（*144*）／Ⅱ　諸外国における婚外子の親権に関する制度（*145*）

## Q25　ハーグ条約⑴──インカミング・ケース ………………【本坊　憲緯子】（*147*）
私と妻はともに日本人ですが，デンマークで結婚しその後もデンマークで暮らしていました。ここ数年夫婦仲はよくありませんでしたが，2週間前に妻が6歳になる子を連れて日本に帰国したまま連絡がとれず，どこにいるかもわかりません。子をデンマークに返して欲しいのですが，どのようにすればいいでしょうか。
　Ⅰ　ハーグ条約が適用されるか（*147*）／Ⅱ　中央当局による援助（*150*）／Ⅲ　子の返還に向けての手続（*150*）

## Q26　ハーグ条約⑵──アウトゴーイング・ケース …………【本坊　憲緯子】（*153*）
私（日本国籍）と夫（外国籍）は日本で8年前に結婚し，その後はずっと日本に住んでいましたが，先日夫が7歳になる長女（二重国籍）を連れて母国（ハーグ条約締約国）に帰国し，どこにいるかわかりません。離婚はしていません。小学校に楽しそうに通っていた長女を一刻も早く日本に連れ戻すためにすぐにでも子の返還を求める裁判を提起したいのですが，どうすればいいでしょうか。
　Ⅰ　ハーグ条約が適用されるか（*154*）／Ⅱ　子を連れ去られた国の中央当局に対する援助申請（*154*）／Ⅲ　子が連れ去られた国での裁判手続（*155*）

## Q27　外国から日本への子の移動に関する留意事項 …………【本坊　憲緯子】（*157*）
私（日本国籍）は，外国人の夫と10年前に外国で結婚し2人の子（二重国籍）をもうけましたが，最近夫婦仲が悪いので8歳と6歳の子らを連れて日本に帰国し，離婚の話合いをしたいと思います。日本に子らを連れて帰国するに当たり留意すべき事項を教えてください。
　Ⅰ　他方親の親権・監護権との関係（*158*）／Ⅱ　子の常居所地国がハーグ条約締約国であった場合（*158*）／Ⅲ　子の常居所地国がハーグ条約締約国でなかった場合（*158*）／Ⅳ　日本における離婚の手続（*159*）

## Q28　日本から外国への子の移動に関する留意事項 …………【本坊　憲緯子】（*161*）
元妻（日本国籍）とは6年前に日本で結婚し，その後日本で生活していましたが，昨年調停離婚しました。調停では私が5歳の娘（二重国籍）の単独親権者となり，

xiv 目 次

元妻には娘との面会交流を認めていますが，私が娘を連れて母国に帰国する際に留意すべき事項があれば教えてください。

 Ⅰ 親権・監護権の内容（*161*）／Ⅱ ハーグ条約適用の可能性（*161*）

## Q29 国境を越えたリロケーション（転居）……………【本坊 憲緯子】（*163*）

私（日本国籍）と外国籍の元夫は，夫の母国で結婚して生活していましたが，1 年前に離婚し，10 歳と 7 歳の子は現在は平日は私と生活し，毎週末は父親と過ごすことになっています。しかし，私は日本で条件のよい就職先が見つかったので 2 人の子を連れて日本に帰国したいと思いますが，適法に子らを連れて帰るにはどうすればいいでしょうか。

 Ⅰ リロケーション（転居）の同意又は裁判所の許可（*163*）／Ⅱ 子の常居所地国がハーグ条約締約国の場合（*164*）

## Q30 ミラー・オーダー……………………………………【高瀬 朋子】（*166*）

私は日本人で，オーストラリア人の夫とオーストラリアで離婚が成立し，この度子を連れて日本に帰国しようと思っています。夫は帰国に同意してくれていますが，帰国の条件として，夫との面会交流についてオーストラリアの裁判所で定められた内容を日本においても確実に実行できるように，日本の裁判所で同じ内容の命令をもらうことを求められました。日本の裁判所でオーストラリアの裁判所が出した命令と同様の決定をしてもらうことはできますか。

 Ⅰ ミラー・オーダー（*166*）／Ⅱ 日本における制度（*167*）／Ⅲ 調停申立て時の注意点（*167*）

## Q31 子の監護の国際裁判管轄・準拠法・承認執行……………【高瀬 朋子】（*170*）

日本人の母親とイギリス人の父親で子が 1 人います。離婚後，母親と子がイギリスから日本に戻ってきました。子は日本とイギリスの二重国籍です。この度，イギリスに残った父親が子の面会交流を求めてきていますが，この場合，日本の裁判所に申立てをすることはできますか。

仮にイギリスで判断される場合，イギリスの法律に従って定められるのでしょうか。また，イギリスの裁判所で出された決定は日本でも有効となりますか。

 Ⅰ 子の監護に関する国際裁判管轄（*171*）／Ⅱ 子の監護に関する準拠法（*172*）／Ⅲ 子の監護に関する外国裁判所の決定の日本における承認執行（*173*）／Ⅳ 子の監護に関する日本の裁判所の決定の外国における承認執行（*174*）

## Q32 養育費の国際裁判管轄・準拠法・承認執行………………【高瀬 朋子】（*175*）

Q31 の事例で，日本人の母親がイギリスにいるイギリス人の父親に対して養育費を請求したいと考えています。日本の裁判所において養育費を請求することは

目　次　xv

できますか。その際適用される法律は，日本法となるのでしょうか。また，日本の裁判所で出された決定で，イギリスにあるイギリス人の父親の財産を差し押さえることはできますか。

　　Ⅰ　養育費に関する国際裁判管轄（175）／Ⅱ　養育費に関する準拠法（177）／Ⅲ　養育費に関する外国裁判所の決定の日本における承認執行（178）／Ⅳ　養育費に関する日本の裁判所の決定の外国における承認執行（179）

## 第4章　財　産　分　与 (181)

### Q33　財産分与の国際裁判管轄・準拠法・承認執行 …………【秋吉　理絵香】(183)

　　私は日本人，夫は中国人です。日本で結婚して子を産み，その後も日本で暮らしていました。ある日突然，夫が離婚したいと言い出し，1人で中国へ戻ってしまいました。離婚はやむを得ないとしても，夫婦のお金は，ほとんど夫名義で蓄えていたので，きちんと分けてほしいです。どうしたらよいでしょうか。

　　Ⅰ　財産分与請求の国際裁判管轄（183）／Ⅱ　財産分与・財産給付に関する準拠法（185）／Ⅲ　日本における外国判決の承認・執行（187）／Ⅳ　外国における日本判決の承認・執行（191）

### Q34　財産分与に関する日本法と諸外国の法制の違い ………【秋吉　理絵香】(192)

　　日本で結婚して生活している外国人夫婦が，離婚することになりました。離婚後，妻が未成年の子の親権者となって養育していく予定ですが，これまで専業主婦であったため，経済的に不安があります。離婚に伴う財産分与として，妻は夫に対し，どのような請求ができるのでしょうか。

　　Ⅰ　夫婦財産契約（192）／Ⅱ　法定財産制（193）／Ⅲ　日本と諸外国の財産分与制度（194）

### Q35　財産の保全 ……………………………………………【秋吉　理絵香】(199)

　　妻は日本人，夫は外国人です。妻が夫に離婚を申し入れ，婚姻期間中に蓄えた財産の分与を求めたところ，夫は「お前に渡す金はない。事業資金が足りないから，預金はそれに使う。」と言ってきました。どうしたらよいでしょうか。

　　Ⅰ　日本の裁判所で保全処分を申し立てる場合（200）／Ⅱ　外国の裁判所で保全命令を得た場合の効力（203）

### Q36　年金分割 …………………………………………………【秋吉　理絵香】(205)

　　妻は日本人，夫は外国人です。十数年前に日本で結婚し，その後現在まで，夫は日本の企業に勤め厚生年金に加入しており，妻は扶養の範囲内でパート勤務をしていました。夫は，数年前までは，本国の年金保険料も支払っていました。夫

xvi　目　次

婦が日本で離婚する場合，妻の年金はどうなるのでしょうか。

　　Ⅰ　渉外離婚と年金制度（205）／Ⅱ　日本で離婚する場合の年金分割（206）
　　／Ⅲ　外国で離婚する場合の年金分割（208）

## 第5章　離婚後の諸手続（211）

### Q37　日本で成立した離婚の外国における効力・届出 …………【大坂　恭子】（213）

　　私は，フィリピン人ですが，フィリピンで日本人男性と婚姻し，その後私が日本に来て，日本で婚姻生活を送っていましたが，日本で生活するうちに性格の不一致がわかり，離婚することになりました。離婚の際は，お互いに離婚することに合意できたので日本の役所で協議離婚届を提出しました。

　　今後再婚することもあるかも知れませんので，フィリピンにおいても離婚したことをきちんと登録しておきたいと思います。日本での協議離婚について，夫の戸籍謄本や離婚届記載事項証明書を翻訳してフィリピン領事館へ持参して離婚を報告すれば，離婚を登録してもらえるのでしょうか。

　　Ⅰ　日本での離婚手続（213）／Ⅱ　日本で有効に成立した離婚の外国での承認（214）

### Q38　外国で成立した離婚の日本における効力・届出 …………【大坂　恭子】（216）

　　私は，英国でトルコ人男性と婚姻し，英国で子をもうけ，婚姻生活を送ったのですが，その後，性格の不一致で一緒に暮らせなくなり，日本に戻ってきてしまいました。子は，私の戸籍に入籍しており，日本人です。

　　私が日本へ戻った後，夫もトルコ本国に帰り，トルコで離婚裁判を起こしました。私にも日本の裁判所を経由して離婚判決が送られてきましたが，そこには，子の親権に関すること等は何も記載されていません。私は，このトルコでの離婚判決をもって日本でも離婚したことになるのでしょうか。子の親権者は私と定めてほしいと思っています。

　　Ⅰ　外国判決の承認（216）／Ⅱ　日本で有効に離婚を成立させる方法（218）

### Q39　離婚と在留資格 ……………………………………………【大坂　恭子】（221）

　　私は，日本人と結婚し，「日本人の配偶者等」の在留資格で日本に住んでいたのですが，1週間前に離婚しました。

　（1）　在留期限が来る前に何かとっておくべき手続がありますか。

　（2）　現在の在留資格は，あと8か月在留期間が残っていますので，少なくとも，その間は，何も手続をせずに滞在を継続して良いのでしょうか。

　（3）　在留期限が迫ってきたらどのような手続をすれば良いのでしょうか。

　　Ⅰ　配偶者に係る届出義務（入管19条の16第3号）（221）／Ⅱ　在留資格取消

し（入管22条の４）（*222*）／Ⅲ　在留資格の変更（入管20条）（*222*）

## Q40　離婚と氏 ……………………………………………【大坂　恭子】（*225*）

　私は，ガーナ人男性と婚姻し，婚姻してすぐに自分の氏を夫の氏に変更する届出をしましたので，私が筆頭者で，夫の氏の戸籍が編成されています。その後に生まれた子らも，私の戸籍に入り，夫の氏を使っています。

　離婚後は，私の氏は旧姓に戻したいのですが，子らは就学中で，現在の氏が日本ではとても珍しいということもあり，変更したくないといっています。

　私の氏のみを旧姓に戻すことはできるのでしょうか。また，子らが成年に達してから，私の氏のみを旧姓に戻すことはできるのでしょうか。

　Ⅰ　外国人配偶者の氏を称する（*225*）／Ⅱ　子の氏の変更（*227*）

## 序章

# はじめて渉外離婚事件を扱う弁護士に伝えたいこと

## Ⅰ　この本の役割──基礎知識を，なるべく実務的に

　近年，渉外離婚事件の実務に関する書籍がいくつか刊行されています。その中で，本書は，特に，はじめて渉外離婚事件を扱う弁護士その他の読者を対象に，渉外離婚事件を扱う上で必要となる基本知識について，なるべく実務的な観点からわかりやすく解説することを目的としています。

### (1)　日本人同士の離婚事件

　日本に住んでいる日本人同士の夫婦の離婚事件においても，複数ある離婚手続の各手続に関する知識が必要となります。また，離婚事件では，離婚に付随して，財産分与や年金分割についての問題もあります。未成年の子がいる夫婦の場合には，離婚に伴う子の親権・監護権・面会交流・養育費の問題が生じます。このうち，子の親権の決定以外の問題は，離婚後に別途，取り決めることも可能ですが，離婚と合わせてこれらの問題も一緒に処理するのが一般的です。また，夫婦が離婚にいたるまでの過程においては，離婚の前に別居状態になることが多く，別居期間中においては，婚姻費用，子の監護や面会交流についての紛争が生じることもよくあります。特に，夫婦の一方が，ドメスティック・バイオレンス（DV）から逃れるために家を出て別居状態となった場合には，DVからの保護の配慮が必要となります。いざ離婚が成立すると，離婚の届出，年金分割の届出，婚姻によって氏を変更した夫婦の一方の氏や子の氏の問題や，これに関する諸手続があります。

### (2)　渉外離婚事件の場合

　このように，日本人同士の離婚事件においても，離婚自体の問題に加えて関連する様々な問題が含まれ，その処理に関する知識が必要となりますが，さらに，渉外離婚事件となると，夫婦の一方又は双方や子が外国人であるとか，さらに，外国人同士の夫婦の国籍も異なることがあります。夫婦の一方やその子が日本と外国に別れて住んでいることもあります。財産が外国にあるという場合もあります。こうした当事者の国籍や住所，財産の所在地などに外国が含まれる渉外離婚事件においては，国内の離婚事件と異なる特徴として，必ず，国籍や住所，財産の所在地など関連する複数の国のうち，どの

国の裁判所が離婚や離婚に関連する諸問題を扱うことになるかという国際裁判管轄の問題と，どの国の法律を適用することになるかという準拠法の問題について，検討が必要となります。しかも，この国際裁判管轄と準拠法の問題は，離婚についてだけでなく，離婚に付随する上記に述べた諸問題について，個別に検討する必要があります。加えて，渉外離婚事件においては，日本の裁判所で手続を行うことになった場合に，送達や立証において国内の離婚事件とは異なる問題が生じることがあります。さらに，渉外離婚事件として相談を受ける中には，外国の裁判所で裁判を起こされたという場合や，外国の裁判所で得た判決や決定を日本で執行したいという場合もあります。このほか，離婚にいたるまでの別居についても，夫婦が日本と外国とに別れて別居することになる場合は，婚姻費用の請求や取立て，子の監護や面会交流をめぐる問題も複雑になります。

### (3) 大きな枠組みごとにポイントをおさえる

そこで，はじめて渉外離婚事件の相談を受け，受任することになる弁護士にとっては，普段なじみのない国際裁判管轄と準拠法という渉外家事事件に特有の考え方を理解することに加え，離婚事件の中核である離婚自体についての各手続，別居から離婚にいたる過程で生ずる諸問題，離婚に付随する子と財産の問題，離婚後の手続という大きな枠組み毎に，渉外家事事件において特に問題となる事項や押さえておくべきポイントを知っておくことが大事になります。本書は，このような観点から，はじめて渉外離婚事件を扱う弁護士にとって必要と考えられる基礎的な知識を大掴みできるようにQ＆A形式で解説しました。特に，本書の作成にあたっては，全国各地から，これまでに渉外離婚事件を一定数扱ったことがあるという弁護士だけでなく，ほとんど扱ったことがないという弁護士にも執筆に参加してもらい，渉外離婚事件の経験があまりない弁護士にとって，どのような点がわかりにくいか，知りたいと思うか，誤解しがちかという観点から，取り上げるべき項目を考えてもらうといった工夫をしています。

## Ⅱ　渉外離婚事件の流れ

　そこで，本章では，渉外離婚事件の流れに沿って，**第1章**以下で取り上げた項目を概観します。渉外離婚事件をはじめて扱われる方は，ここで渉外離婚事件に特有な問題点を概観し，全体像を頭に入れた上で，必要な箇所をお読みいただくと理解しやすいのではないかと思います。

### (1)　離婚の手続

　**第1章　離婚の手続**では，離婚及び離婚に付随する問題の国際裁判管轄及び準拠法の問題に加えて，日本に国際裁判管轄があり日本で離婚の手続を行う場合を念頭に置いて，日本における離婚手続の選択と，それぞれの離婚手続を渉外離婚事件に用いる場合の留意事項について説明しています。また，裁判手続による渉外離婚事件において，しばしば生ずる送達・送付や立証の問題も扱います。さらに，夫婦の一方が日本人で他方が外国人という場合，日本と諸外国の離婚制度の違いから，話合いによる解決が困難になることがありますが，渉外離婚事件を扱う弁護士がそうした違いを知っておくことが，依頼者や相手方の心情を理解したり，適切な説明をすることに役立つと思われるため，制度の違いを取り上げています。また，渉外離婚事件には，国際裁判管轄や準拠法の問題が必ず生じ，国際裁判管轄についての主張が対立して，同じ夫婦の離婚事件について，日本と外国の両方で離婚訴訟が提起されたり，送達や外国法の調査立証等に，国内の離婚事件以上に時間や費用がかかることがあります。このような事態を避ける1つの手段として，裁判外紛争解決（ADR）の活用を視野に入れることが有用と考えられますので，ADRについて簡単に解説しています。さらに，日本で相談を受ける渉外離婚事件としては，日本に住む当事者（多くの場合，日本人）が外国の裁判所で離婚訴訟を提起されたという場合があることから，こうした相談への対応について取り上げています。

### (2)　別居の開始から離婚にいたるまで

　**第2章　別居の開始から離婚にいたるまで**では，日本と諸外国の別居についての考え方や制度の違いから，渉外離婚事件における別居において生じやす

6 　**序章**　はじめて渉外離婚事件を扱う弁護士に伝えたいこと

い問題について留意事項を最初に説明した上で，別居が国境を越えて夫婦が日本と外国にそれぞれ住むことになった場合における婚姻費用の国際裁判管轄と準拠法について説明しています。特に，渉外離婚事件における別居においては，夫婦の一方が子を連れて別居することが，国内離婚事件の場合以上に，深刻な紛争を招くことが少なくありません。そこで，特に，子の移動の問題を取り上げ，説明しています。渉外離婚事件における子の移動については，とりわけ，夫婦の一方が他方の同意を得ずに国境を越えて子を移動させた場合や，移動させようとする場合に，ハーグ条約の適用等の特別の問題が生じますが，これについては，**第3章**でさらに詳しく扱っています。最後に，本章では，特に別居の開始から離婚にいたるまでの過程で配慮が必要となることが多いDVからの保護について，渉外離婚事件における問題を取り上げています。

### ⑶　別居・離婚と子

　**第3章 別居・離婚と子**では，とりわけ，渉外離婚事件において紛争になることが多い，夫婦の別居・離婚の場合における子の親権・監護権・面会交流についての日本と諸外国の考え方や法制度の違いについて説明します。日本法では，父母の婚姻中は，未成年の子について父母が共同親権を有しますが，離婚後は，父母のどちらか一方が単独で親権を有し，他の一方は親権を持たないという単独親権制度を採用しています。この点，諸外国では，離婚後も子の親権・監護権が父母の両方に属することが認められ，さらには原則となっている共同親権・監護権制度を採用する国が少なくありません。離婚事件では，離婚に先立つ別居時から，父母の一方が子を他方の親から事実上切り離してしまうような行動に出るケースがしばしば見られます。このような行動は，日本人同士の国内離婚事件の場合以上に，特に，外国人の親の強い反応を招き，紛争・対立が激しくなることがあります。このため，渉外離婚事件を扱う弁護士にとって，日本にはない制度であるためなじみの薄い，諸外国における共同親権・監護権制度について基本的な考え方を知り，そのような国の出身者である外国人親の心情を理解し適切な事件処理を行うことが，とても大事になります。その他，面会交流に関する考え方や制度も日本と諸

外国とで大きく異なる点です。**第3章**では，これらの問題について，日本と諸外国の制度の違いに着目して説明するとともに，その違いを踏まえた解決のための工夫にも触れます。特に，日本においても，事実婚カップルの別居・事実婚の解消の際に子の親権・監護権について紛争となることがありますが，日本人と外国人の夫婦，外国人同士の夫婦が事実婚であることも少なくありません。この場合には，婚外子の親権・監護権についての日本と外国の法制度の違いからより紛争が起こりやすいため，**第3章**では，この問題も取り上げています。さらに，別居及び離婚時における子の親権・監護権・面会交流についての考え方の違いが背景となって起こりやすい，他方親の同意なしに親の一方が子を国境を越えて移動させた場合に適用される可能性のあるハーグ条約について，基礎的な解説及び紛争を防止するための留意事項と，関連事項として，リロケーションやミラー・オーダーといった特有の用語について説明しています。また，別居・離婚に伴い，子が両親の一方と異なる国に住むことになった場合，子の監護や養育費について，どちらの国で裁判を行うのかという国際裁判管轄やどの国の法律が適用されるかという準拠法の問題，さらには，ある国の裁判所でなされた判決・決定は別の国に住む当事者に対して効力が及ぶのか，強制執行ができるのかという外国判決の承認執行の問題が生じることがありますので，これらの問題についても解説します。

## (4) 財産分与

**第4章 財産分与**では，渉外離婚事件の場合，財産が外国にある場合も少なくなく，そうすると，財産分与自体について，どの国の裁判所が扱うのかという国際裁判管轄の問題と，どの国の法律が適用されるかという準拠法の問題，さらには，ある国の裁判所が行った判決・決定が他の国にある財産について効力を有するのか，強制執行ができるのかという外国判決の承認執行という問題が生じますので，これらについて説明します。また，財産分与に関する日本法と諸外国の法制の違い，及び，年金分割の問題についても取り上げています。さらに，離婚事件においては，別居・離婚の過程において，夫婦の一方が財産を処分や費消してしまい，離婚時に定めた財産分与の履行が

8 序章　はじめて渉外離婚事件を扱う弁護士に伝えたいこと

不可能になったり困難になることを防ぐため，財産の保全の手続を取っておく必要がある場合があります。この点，渉外離婚事件では，国内の離婚事件と異なる配慮が必要になる場合がありますので，説明しています。

### (5)　離婚後の諸手続

　最後に，**第5章　離婚後の諸手続**では，特に，渉外離婚事件の実務において知っておくべき諸手続として，日本で成立した離婚の外国における効力・届出と，逆に，外国で成立した離婚の日本における効力・届出について説明します。また，渉外離婚事件では，離婚によって，外国人の在留資格に影響が生じることがあり，渉外離婚事件を扱う弁護士は，一定の知識を持っておくことが必要であるため，基本的な解説をしています。さらに，渉外離婚事件における離婚後の氏の問題も扱います。


## Ⅲ　相談において気をつけるべきこと

　以上が，本書の**第1章**からの各論で扱う内容の概観ですが，本章の最後に，渉外離婚事件の相談において気を付けるべきことについて，簡単に触れておきたいと思います。

### (1)　相談の入り口での検討の順序，見極め

　渉外離婚事件を初めて扱う場合や，あまり慣れていない場合には，国際裁判管轄や準拠法といった渉外離婚事件に特有の問題をどのような順序で検討していけば良いのか，わかりにくいものです。しばしば目にする例として，国際裁判管轄の有無を検討する前に，先に準拠法の検討を行い，準拠法が日本法であれば日本で手続ができる（日本に国際裁判管轄がある）と考えてしまう，渉外離婚事件というだけで外国法が適用になると考え難しそうだと思ってしまうなどの反応があります。相談に来る当事者自身も，外国が関係していることから，とても複雑な問題であると思って心配していることも多いものです。このため，渉外離婚事件について相談を受けた場合には，中核となる離婚自体について，国際裁判管轄の有無を検討し，日本で手続が可能かどうかを確認することから始める必要があるということを押さえておくと良いと思

います。準拠法の検討は，日本での手続が可能という場合に初めて出てくる問題です（ただし，協議離婚については，準拠法として日本法が適用され，かつ，当事者間に離婚自体と，未成年の子がいる場合にはその親権について合意ができていれば可能であり，裁判所の手続を経ないため，どの国の裁判所が手続を行うことができるかという国際裁判管轄の問題は生じないという意味で，例外的です。詳しくは，**Q5**を参照のこと）。そして，渉外離婚事件でも，国際裁判管轄が日本にあり，準拠法も日本法であれば，送達や立証等において国内離婚事件とは異なる問題があったり，当事者の一方が外国人であることから日本と諸外国の制度の違いを踏まえた配慮が必要となることを除けば，手続法も実体法も日本法であるという点では，それほど処理が複雑でないこともあります。他方，日本には離婚事件についての国際裁判管轄がなく，外国の裁判所で手続をするしかないことがわかった場合には，外国の弁護士に依頼するよう助言するといった相談の入り口での見極めが大切になります。

### (2)　合意による解決の可能性

　なお，渉外離婚事件では，当事者が国際裁判管轄をめぐって争い，裁判が長引いたり，複数の国で裁判を行うことになるなど，紛争が長期化し費用も高額になることがあります。しかし，国内の離婚事件でもそうですが，離婚事件の場合，離婚すること自体に争いはなく（あるいは，夫婦ともに離婚は避けられないと思っており），紛争の中心は，子の問題や財産分与であるという場合があります。そして，子の問題や財産分与について，夫婦のそれぞれが，自国（あるいは居住国）で裁判を行う方が有利だと考えて，国際裁判管轄について争う場合があります。しかし，管轄争いによる紛争の長期化・費用の高額化が当事者双方と子に与える影響を考えると，国内の離婚事件以上に合意による解決が重要である場合が少なくありません。そこで，調停を含む裁判所で行う離婚手続を念頭に置いて，国際裁判管轄について検討することはもちろん必要であり，処理方針の入り口であることは間違いないのですが，合意による解決の可能性についてもよく検討し，総合的に処理方針を選んでいくことが重要です。

### (3)　外国法の調査

次に，日本で手続が可能な（日本に国際裁判管轄が認められる）事件で，準拠
法を検討した結果，外国法が適用になる場合には，外国法の調査の必要が
生じます。外国法の調査は裁判所の職責であると言われていますが，実際の
実務では，裁判手続を始める前に，手続を行おうとする当事者（代理人弁護
士）において，適用される外国法の具体的な規定内容を調査する必要があり
ます。また，裁判手続の中でも，外国法の調査について，裁判所が当事者に
協力を求めることが，しばしばあります。この点，最近では，離婚やこれに
付随する問題についての外国法が日本語に翻訳されて紹介されていることも
多く，また，日本語では入手できない場合でも，インターネット等で外国語
であれば入手できることも多くなっています。外国法の内容について，正確
な関連規定の内容がわからないという場合もありますが，そのような場合は，
一応の調査により判明した内容に基づいて，訴訟や調停・審判の申立てを行
い，その上で，裁判所の調査や指示を待って手続を進めていくことも考えら
れます。

### (4)　特に気をつけたいこと

最後に，渉外離婚事件をはじめて扱う場合，特に，気を付けておきたい事
項として，日本人の依頼者以上に，外国人の依頼者に対する説明においては，
日本と諸外国との法制度の違いを意識しておくことが重要であること，日本
の弁護士が用いることが多い事件の経済的利益に応じた弁護士費用の決め方
が外国人にとってなじみがないことが多く，明確な説明と取決めが必要であ
ること，送達や通訳・翻訳に費用がかかること，外国送達や外国法の調査等
のために，国内の離婚事件に比べて時間がかかる場合があることを挙げてお
きたいと思います。渉外離婚事件を扱った経験があまりない場合には，国際
裁判管轄の有無の判断や準拠法の決定，送達や通訳・翻訳の問題，通訳者や
翻訳者の探し方や費用等について，本書の他に，より詳しく説明している実
務書を参考にし，また，経験のある他の弁護士に意見や情報を求めるといっ
たことも有用です。

【大谷　美紀子】

# 第1章

## 離婚の手続

# Q1

## 国際裁判管轄及び準拠法

渉外家事事件の場合，どの国の裁判所が当該事件を扱うことができるのでしょうか（国際裁判管轄の問題）。複数の国の裁判所に国際裁判管轄が認められる場合には，どの国で提訴するのがよいでしょうか。

また，その事件についてどこの国の法律が適用されるのかは，どのように決定されますか（準拠法の問題）。

**A** 国際裁判管轄の決定について，世界共通のルールはなく，各国の規律に委ねられています。

日本では，人事訴訟事件・家事事件の国際裁判管轄は，長年，判例法理に基づき解釈されてきましたが，人事訴訟法等の一部を改正する法律（平成30年法律第20号）が成立し，日本の裁判所で裁判をすることができる場合について，明文の規定がおかれることになりました。

国際裁判管轄が競合する場合には，自国の裁判所に対する提訴の方が手続が容易で費用もかからず，メリットがある場合が少なくありませんが，財産の確保や執行を視野に入れて最初から外国の裁判所に対する提訴を検討した方がよい場合もあります。

どの国に提訴するかが決まると，次に，当該事件についてどこの国の法律が適用されるかが問題になります。適用される準拠法を決定するルールは，各国の規律に委ねられていて，管轄地の国のルールによります。日本では，「法の適用に関する通則法」がこれにあたります。

● ● 解　説 ● ●

### Ⅰ 国際裁判管轄

#### (1) 国際裁判管轄とは

当事者の国籍，住所，法律行為地，財産所在地等，当該法律問題に何らかの国際的要素を有する事件では，関連のある複数の国のうち，どの国の裁判所が当該事件を扱うことができるのかが問題になります。

渉外事件に関連のある複数の法域（国）のうち，どの国の裁判所が当該渉外事件について裁判をする権限，すなわち，管轄を有するかが，国際裁判管轄（international jurisdiction）の問題です。

例えば，日本人の妻とＸ国人の夫との離婚問題について，日本の裁判所とＸ国の裁判所のいずれの裁判所が，この離婚事件を扱うことができるかといった問題です。

### (2) 国際裁判管轄の決定に関するルール①──各国の規律に委ねられていること

国際裁判管轄の決定について，国際的な統一ルールを作ろうという動きはあり，ＥＵ内等で条例が作られた例等はあります。もっとも，国際裁判管轄について世界共通のルールはなく，その国自身の自主的な規律に委ねられているのが現状です。

国際裁判管轄に関する各国の規律は，法令で規定されている国もあれば，明文規定がない国もあります。

日本では，長らく，国際裁判管轄について明文の規定はなく，解釈に基づいて判断されてきました。もっとも，2011（平成23）年の民事訴訟法改正により，通常民事事件についての国際裁判管轄に関する規定が新設される等，法制化の動きが進められています。

人事訴訟事件・家事事件についての国際裁判管轄についても，平成26年から法制審議会で審議がなされ，平成30年４月，人事訴訟法等の一部を改正する法律（平成30年法律第20号）が成立し，国際裁判管轄に関する規律が新設されました。

### (3) 国際裁判管轄の決定に関するルール②──法律関係ごとに決定すること

国際裁判管轄は，法律関係ごとに決定されることに注意が必要です。

そのため，例えば，契約に基づく請求，不法行為に基づく請求，離婚請求

等，それぞれの請求項目に応じて，国際裁判管轄がどのように規律されているかを確認する必要があります。

家事事件の場合，離婚請求とともに，親権者の指定，財産分与，慰謝料請求，養育費等の附帯請求を行うことが少なくありませんが，渉外家事事件においては，この場合でも，国際裁判管轄の有無は，本来，その請求の項目ごとに判断する必要があります。

### ⑷　国際裁判管轄の有無の確認，管轄の基準時

弁護士が渉外離婚事件について相談を受け，裁判所を利用する手続を選択する場合には，必ず，国際裁判管轄が当該国の裁判所にあるか確認した上で，申立てや提訴を行うことになります。

国際裁判管轄は訴訟要件の１つですので，国際裁判管轄がなければ，訴えは却下されることになります。日本の裁判所は，管轄権に関する事項について職権で証拠調べをすることができると規定されていますが，通常は，訴訟当事者において，一定の調査を行います。実際，日本の裁判所は，国際裁判管轄があることがはっきりしない場合であっても，いきなり訴えを却下するということはまれであり，通常は，原告において一定の調査を行うことを前提に，裁判所が管轄について原告に釈明を求め，原告の主張の補充によっても，国際裁判管轄が認められないという場合に，はじめて却下することになります。

日本の裁判所では，管轄権は訴えの提起時を標準とすると定められていますので（民訴15条），訴状提出後に訴訟当事者が転居したとしても，管轄の有無に影響を与えません。

### ⑸　国際裁判管轄の競合

前述のとおり，国際裁判管轄の決定について，世界共通のルールはなく，各国の自主的な規律に委ねられていることから，複数の国に国際裁判管轄が認められるといった国際裁判管轄の競合が起こり得ます。これには，以下の２つのケースが想定されます。

### ⒜　外国の裁判所で先行裁判がなされている場合

まず，外国の裁判所で先行する裁判がなされている場合が考えられますが，この場合，日本の裁

判所に提訴することはできるのでしょうか。

外国においては，国際裁判管轄決定のルールとして，他国の裁判所が同一事件について先に裁判を行っている場合，原則として国際裁判管轄を認めないとする国もあります。

一方，日本の場合，通常民事事件に関する二重起訴の禁止の原則（民訴142条）は，国内裁判所の提訴に限られ，国際裁判管轄の競合には適用されないと解されています。そのため，外国の裁判所で同一事件について先行する裁判がある場合でも，日本に国際裁判管轄があれば，直ちに日本の訴訟が却下されるわけではありません。

もっとも，外国の裁判所で離婚判決が確定し，その判決が日本において承認され，効力を有する場合には，日本の裁判所で係属している離婚訴訟は，訴えの利益がなくなったものとして訴えが却下される可能性はあります。

⒝　**複数の国のうちどの国の裁判所に提訴するのが望ましいかが問題となる場合**　外国の裁判所での先行する裁判がない場合はどうでしょうか。二重起訴が禁止されるか否かにかかわらず，当事者においては，訴訟経済等の観点から，できれば１回の裁判で有利な形で紛争を解決したいと考えるのが通常でしょう。そこで，国際裁判管轄が競合する場合，どこの国で提訴をするかが重要になります。

多くの場合，自国の裁判所への提訴は，当事者及び代理人にとって，法律や法制度に対する理解力，見通しの立てやすさ，証拠の収集や提出の容易さ，費用面，労力，言語の問題等，さまざまな面でメリットがあります。そのため，日本の弁護士が相談を受けて提訴等が必要と判断した場合，日本の裁判所への提訴をまず考えるということは多いと思います。

もっとも，国際裁判管轄が準拠法の決定や訴訟手続の内容に影響を及ぼし，原告にとって，日本の裁判所に提訴するよりも，外国における提訴の方が有利な判決が見込まれるという場合もあり得ます。

例えば，主に欧米の裁判においては，離婚事件で，離婚後扶養（アリモニー）が認められる傾向がある他，財産分与関係書類の開示手続が日本よりも強力な国もあります。

また，財産分与請求や養育費請求などについては，執行の段階での最終的な財産確保や執行可能性を考え，最初から，財産の所在地や義務者の住所地において裁判手続を行うことが望ましい場合もあり得ます。

### (6) 直接管轄と間接管轄

なお，日本の裁判所に当該渉外事件について裁判をする権限，すなわち，国際裁判管轄権が認められるかといった問題（いわゆる直接間接）を検討する場合の他に，頻度は高くないとは思いますが，外国裁判所の判決の日本における効力や執行について相談を受ける場合もあります。外国判決の承認要件の１つとして，間接管轄要件があり（民訴118条１号），この要件は，判決を下した外国裁判所が日本の国際裁判管轄決定の規律からみて当該事件の国際裁判管轄権を有する適切な裁判所か否かにより判断されます。

## Ⅱ 準 拠 法

### (1) 準拠法とは

準拠法（Governing Law, Applicable Law）とは，当該法律関係に関連する複数の国（法域）の法律がある場合に，当該法律関係に適用される法律のことをいいます。

準拠法が定まっていないと，当事者間の紛争を解決するために適用すべき法律が定まらない事態に陥ります。このような事態を回避するために，ある法律行為について，どの国（法域）の法律が適用されるかを明らかにする必要があるのです。

なお，準拠法には，法律関係について定める実体法と，その実現に必要な手続について定める手続法の両方が含まれますが，「手続は法廷地法による」，すなわち，管轄地国の手続法を適用するという不文の国際私法上の原則が確立しており，通常問題となるのは，当該法律関係に適用される法律は何かという実体法の問題です。

### (2) 準拠法の決定に関するルール①──抵触法，「通則法」

そして，渉外的法律関係にどの国（地域）の法律が適用されるかどうかは

国際私法に従い決定されます。国際私法（狭義）とは，渉外事件を規律する法令を指定する法規範であり，複数の法令の抵触を解決する法規範という意味で，抵触法（Conflict of Laws）とも呼ばれます。

国際裁判管轄の決定について世界共通ルールが存在しないのと同様，抵触法についても世界共通のルールはありません。そのため，管轄地の国が定めたルールに従うことになります。

日本の抵触法は，「法の適用に関する通則法」（以下「通則法」といいます）です。以前は，「法例」という名称でしたが，平成18年に改正され，その際に名称も改められました。

### (3) 準拠法を検討する手順についての留意点──国際裁判管轄との関係

渉外家事事件を処理する場合，最初に国際裁判管轄の存否を確認し，日本の裁判所に管轄がある場合に，初めて，準拠法の検討に進みます。これは，渉外家事事件の処理手順の基本的なルールです。

国際裁判管轄の問題をクリアし，渉外事件を持ち込まれた裁判所が，ではいずれの国の法律を適用して当該事件を裁くかが，準拠法の問題なのです。

しかしながら，渉外事件の処理の経験がないと，先に準拠法を判断し，準拠法が日本法になるので，日本の裁判所に国際裁判管轄があると考える誤解をしてしまう例が時々見られます。

理論的には，国際裁判管轄が先にあり，その上で，国際裁判管轄がある国の抵触法によればどの国の法律が適用されるのかという準拠法の問題を考えることになります。

前述の通則法についても，日本の裁判所に国際裁判管轄が認められることを前提に，日本の裁判所に事件が係属した場合に，どこの国の法律が適用されるかを定めた法律ということになります。

### (4) 準拠法決定に関するルール②──法律関係の性質決定

(a) また，準拠法は，国際裁判管轄の有無の検討の場合と同様に，問題となっている法律関係ごとに，その法的性質に応じて決定されることに注意が必要です。

日本の抵触法である通則法も，このルールに則って，行為能力，法律行為，

物権，債権，親族，相続等，個々の法律関係ごとに準拠法を規定しています。

例えば，通則法では，契約等の法律行為については，当事者自治を原則として準拠法が指定され，当事者が準拠法を指定していない場合には，準拠法は最密接関係地法によると定められています。

これに対し，身分関係は，公益的要素が強く，私的自治の原則がそのまま妥当する領域ではないことから，当事者の国籍を連結点として準拠法を指定することを原則とし（本国法主義），双方当事者に共通する国籍がない場合には，常居所地を副次的な連結点として準拠法を定める（住所地法主義）といった準拠法指定のルールが用いられています。なお，外国の抵触法には，身分関係について住居地法主義を採用する国が少なくありません。

さらに，通則法をみると，同じ身分関係であっても，24条（婚姻の成立及び方式），25条（婚姻の効力），26条（夫婦財産制），27条（離婚），28条（嫡出である子の親子関係の成立）といったように，法律関係の事件・性質ごとに準拠法指定のルールを定めていることがわかります。

(b)　このように，通則法に従い準拠法を決定するには，まず，当該事案において法の適用により判断すべき法律関係が，通則法において準拠法指定のルールが定められているどの法律関係に含まれるかを決定する必要があり，これを法律関係の性質決定といいます。

渉外家事事件を扱う際には，国内家事事件の場合と異なり，こうした事案の中に含まれる法律関係を一つひとつ切り分けて検討し，その個別の法律関係の性質を決定し，個々の法律関係それぞれについて通則法に定められている準拠法指定のルールに従い，準拠法を適用していくという作業が必要になります。

慣れるまでは難しく感じることもあるかもしれませんが，一度具体的な事案を通じて経験すると，次第に身についていくと思います。

【松本　佳織】

20　第1章　離婚の手続

# Q 2

## 離婚及び離婚に附随する問題の国際裁判管轄

離婚訴訟について，日本の裁判所に国際裁判管轄が認められるのは，どのような場合ですか。離婚請求に附帯して，あるいは，別途，子の親権や監護に関する処分，養育費，財産分与，慰謝料を請求する場合とで，日本の裁判所に国際裁判管轄が認められるか否かについて違いはありますか。

**A**　日本では，従前，離婚事件を含む人訴・家事事件の国際裁判管轄について明文の規定がなく，判例に基づき判断されてきましたが，人事訴訟法等の一部を改正する法律（平成30年法律第20号）が成立し，離婚事件を含む人事訴訟事件の国際裁判管轄に関する一般的規定が，人訴法3条の2に新設されました。そこでは，被告住所地が日本である場合の他，当事者双方が日本人の場合，原告及び最後の共通住所地が日本である場合等に日本の裁判所に管轄権があることが定められています。

本来，国際裁判管轄の決定は，個々の請求項目ごとに判断する必要があります。しかし，離婚について日本の裁判所に国際裁判管轄が認められる場合，親権・監護権，養育費，財産分与等の附帯請求についても日本の裁判所に国際裁判管轄が認められています。

もっとも，離婚とは別に申立てや訴訟を行う場合には，原則どおり，各々の請求権ごとに判断が必要になることに注意してください。

● ● 　解　　説　 ● ●

### Ⅰ 離婚事件についての日本における国際裁判管轄決定の基本的ルール

#### (1) 従　　前

日本では，長らく，離婚事件を含む人事・家事事件の国際裁判管轄を定め

る明文の規定はなく，そのため，離婚事件の国際裁判管轄については，条理によるほかないとされ，その条理の具体的解釈として，以下の２つの最高裁判例が非常に重要な基準となってきました。

1つ目は，最高裁昭和39年３月25日大法廷判決（民集18巻３号486頁）で，元日本人で朝鮮から日本に帰国していた原告が，外国で所在不明となった被告に対し離婚請求訴訟を提訴した事案です。同判決は，原則として被告の住所が日本にある場合に国際裁判管轄があるとしながら，被告の住所が日本にない場合でも原告が遺棄された場合，被告が行方不明である場合，その他これに準じる場合，原告の住所が日本にあれば，国際裁判管轄を認めると判示しました。

2つ目は，最高裁平成８年６月24日判決（民集50巻７号1451頁）で，ドイツ人妻がドイツの裁判所に離婚訴訟を提起したが，日本に居住する日本人夫が所在不明であるとして公示送達で離婚判決がくだされていたという事情の下で，その後に，日本人夫が日本の裁判所に離婚請求訴訟を提起したという事案です。同判決は，被告の住所が日本にある場合に国際裁判管轄が認められることを原則としつつ，被告が日本に住所を有しない場合であっても，原告の住所その他の要素から離婚請求と日本との関連性が認められ，日本の管轄が肯定される場合があるとしました。また，管轄の有無の判断にあたっては，被告の不利益のほか，原告が被告の住所地国に離婚訴訟を提起することにつき法律上事実上の障害があるかどうか等も考慮し，原告の権利の保護に欠けることがないよう留意しなければならないとして，既に離婚判決が確定しているために，日本人夫がドイツの裁判所に重ねて離婚訴訟を提起することができないという事情から，外国在住の外国人に対する当該離婚請求事件について日本に管轄権を認めました。

現在は，国際裁判管轄について明文規定がおかれましたが，この２つの最高裁判例は，今回の法制化の内容の理解の手助けとなる上，条文の具体的解釈，さらには，今回の法改正では規定がなされなかった場面での管轄の判断等においても，依然として重要性を有していると考えられます。

## (2) 人事訴訟法等の一部を改正する法律

22　第1章　離婚の手続

　国際的な要素を有する事件数の増加により，人事訴訟事件及び家事事件についても国際裁判管轄の規定の整備を求める声が強まり，平成26年からの法制審議会での議論を経て，平成30年4月，人事訴訟法等の一部を改正する法律が成立しました（施行は平成31年4月1日から）。

　同法律により新設された人事訴訟法（以下「人訴法」という）3条の2は，離婚事件を含む人事訴訟一般について，日本の裁判所に国際裁判管轄が認められる場合を規定しました。

　同条の各号には，　前述の最高裁判例の基準を明文化したと考えられるものの他，解釈では明確ではなかった点等について新たに明文化したと考えられる規定もありますので，以下，**Ⅱ**において詳述します。

## Ⅱ　離婚事件の国際裁判管轄が日本の裁判所に認められる場合

### ⑴　日本の裁判所に管轄権がある場合

　新設された人訴法の管轄に関する規定も踏まえつつ，離婚訴訟の国際裁判管轄が日本の裁判所に認められる主要なパターンをまとめると，以下のようになります。

　まずは，当事者の国籍を問わず，被告の住所が日本国内にある場合です（同1号）。従前の2つの最高裁判例でも判示されていますが，これは，管轄に関する基本的原則を示したものといえます。

　また，原告の住所が日本にあり，かつ，夫婦の最後の共通住所地が日本であった場合にも，管轄が認められます（同6号）。従前の最高裁判例でも，被告が原告を遺棄して，日本から本国へ帰国してしまったような場合等では，日本の裁判所に提訴が可能と解されていましたが，6号の規定により，より客観的な基準で管轄権が認められることになりました。

　さらに，当事者双方が日本人の夫婦の場合には，外国に一方又は双方が居住していても，日本の裁判所に管轄が認められることになりました（同5号）。従前は，外国に居住する日本人同士の離婚訴訟については，当事者双方ともに日本に住所を有しない以上，日本の裁判所には国際裁判管轄が認められな

いと考えられ，協議離婚や離婚調停での解決を図る等の工夫がなされてきました。しかし，新法施行後は，問題なく，日本の裁判所に国際裁判管轄が認められることになりました。

最後に，被告の行方不明や，確定した外国判決が日本で効力を有しない等の特別の事情があるときにも国際裁判管轄が認められます（同7号）。これは，条理の解釈として，日本での裁判を認めないと権利救済が図れないといった特別の事情がある場合に認めるもので，従前の2つの最高裁判例に沿うものといえるでしょう。

### (2) 渉外事件未経験者が間違いやすい例

なお，渉外事件未経験者が間違いやすい例として，以下のようなものがあります。

まず，先に準拠法を判断し，準拠法が日本法になるので，日本の裁判所に国際裁判管轄があると考える誤解です。理論的には，国際裁判管轄の問題が先になり，その上で，それとは一応別に準拠法の問題を考える検討手順となることは，Q1で述べたとおりです。

また，離婚手続を，婚姻手続を行った国でしなければならないと誤解する人もいます。外国で行った婚姻手続の有効性は，通則法の婚姻の規定の準拠法に照らし，日本法からみて当該婚姻が有効か否かを検討しなければなりませんが，有効ということであれば，離婚については，離婚事件についての管轄や準拠法を検討することになります。

## Ⅲ 離婚の関連請求の国際裁判管轄について

### (1) 離婚請求に附帯して関連請求をする場合

日本の裁判所に離婚を請求する場合，附帯請求として，親権者の指定，養育費，財産分与，慰謝料等についても請求することは，一般的に広く行われています。

前述のとおり，国際裁判管轄は，法律関係ごとに決定され，請求項目ごとに判断する必要があります。したがって，離婚事件の国際裁判管轄が日本の

24　第1章　離婚の手続

裁判所に認められるからといって，常に，子の監護に関する処分，財産分与請求，慰謝料請求等の国際裁判管轄も日本の裁判所に認められるわけではないことに，注意が必要です。

　ただし，従前，裁判実務上，離婚訴訟において附帯請求がなされた場合，最も基本的な要素である離婚請求についての国際裁判管轄が日本の裁判所に認められれば，附帯請求の各々について国際裁判管轄の有無を個別に検討することなく，附帯請求全体について国際裁判管轄が認められてきました。

　法改正により新設された人訴法3条の4でも，日本の裁判所が国際裁判管轄を有する離婚訴訟に附帯して，子の親権者・監護者の指定や財産分与請求が行われた場合，これらの請求についても管轄権を有することが明記されています。また，人訴法3条の3も，離婚事件の管轄があれば，関連請求として併合される慰謝料請求についても管轄を有することを明記しています。

　かかる規定が特に意味を持つのは，日本に住所がない子の親権者の指定等をする場合，また，分与すべき夫婦の財産が日本ではなく外国にあるといった場合です。ただし，日本の裁判所の判決・決定が子の住所地や財産所在地で承認され，効力を有するか，執行ができるかは，その外国の法律によって決まりますので注意が必要です。

### (2)　離婚請求とは別に関連請求をする場合

　一方，離婚訴訟とは別に独立して訴訟提起や審判の申立てをする場合，例えば，離婚後に，親権者・監護者変更の申立て，養育費請求，財産分与請求，慰謝料請求をする場合，あるいは，別居期間中に，監護権者指定の申立てや婚姻費用請求を行う場合等は，それぞれの請求項目に応じて国際裁判管轄を判断する必要があります。

　詳細は，Q15，Q19，Q20，Q31，Q32，Q33，Q34の各設問に譲り，ここでは概要だけ述べます。

### (a)　子の親権・監護に関する処分（詳細はQ19，Q20，Q31）　離婚とは別に，子の親権や監護に関する処分について審判申立てを行う場合，従前から，子の利益の確保の観点から，子の住所地国に国際裁判管轄を認める判例・学説が一般的でした。人事訴訟法等の一部を改正する法律に基づき，新設され

た家事事件手続法3条の8においても，子の住所が日本国内にあるときに，日本の裁判所が管轄権を有することが明記されました。

(b) **養育費請求**（詳細はQ32），**婚姻費用請求**（詳細はQ15）　扶養義務に関する審判事件の国際裁判管轄は，義務者である相手方の住所地国のほか，権利者の利益保護の観点から，扶養権利者の住所地国に管轄を認める見解が一般的でした。新設された家事事件手続法3条の10においても，上記の者が日本国内にいるときに，日本の裁判所が管轄権をもつことが明記されました。

(c) **離婚後の財産分与**（詳細はQ33）　財産分与請求の国際裁判管轄は，離婚請求の附帯請求をする場合でも，離婚請求とは独立して行う場合でも，原則として，離婚事件と同様の基準で判断されます。新設された家事事件手続法3条の12も，その基本的考えが示されています。なお，法制審議会では，離婚の管轄に加えて，財産所在地にも財産分与請求の管轄を認めるべきか議論されましたが，否定する考え方が強く，日本の法制では，財産が日本にあるというだけで日本の裁判所に管轄を認めることはしていません。

(d) **慰謝料**（詳細はQ34）　離婚訴訟とは別に，慰謝料請求を提起する場合の国際裁判管轄は，被告の住所地国の他，不法行為についての国際裁判管轄の規定から，不法行為地が日本国内であれば，日本の裁判所に管轄が認められることになります。

## Ⅳ　渉外家事事件における合意管轄，応訴管轄

離婚を含む身分関係事件について合意管轄，応訴管轄を認めるかについては，被告保護の観点から支障がないとして肯定する見解もある一方，身分関係事件は公益的要素が強く，当事者主義が制限されるとして，これに否定的な見解も根強く，学説上も裁判例でも統一的な見解はありませんでした。

従前から，離婚調停では，相手方の住所が日本になくても，合意による国際裁判管轄が認められていましたが，新法でも家事調停について合意管轄が認められることが明記されました（家手3条の13第1項3号）。これは，そもそも調停が相手方の手続への出頭や合意を重視する手続であることが理由と考

えられます。

　一方，人事訴訟については，合意管轄，応訴管轄ともに，一般的な規律は設けられませんでした。この点，弁護士が，離婚訴訟の提起が必要となる原告側から，国際裁判管轄の有無の判断が難しい事例の相談を受けた場合に，被告の応訴や和解等で離婚の話合いが進むことを期待して訴訟を提起してみることが有用な場合もあると思います。被告の応訴が国際裁判管轄の有無の判断の要素として考慮されることがあるのか，新法の下での実務の発展を見ていく必要があります。

## Ⓥ 「住所」について

　被告の「住所」が国際裁判管轄の有無の判断基準であるように，「住所」は国際裁判管轄決定の基準となる重要な概念です。

　住所とは各人の生活の本拠を指すものとされ，一般的には，客観的な生活の実体や居住者の主観的な意思等から総合的に判断されています。

　この点，渉外家事事件においては，当事者の外国からの，又は，外国への転居を伴うことも少なくなく，夫婦関係の悪化により，本国に子を連れて帰国して間もないという場合，あるいは，複数の国で同時並行的に生活や仕事をしている場合等，現在の住まいが「住所」といえるのか判断に迷うことも少なくありません。住所というためには，一時的な居住でもいいのか，住民登録が必要なのか，違法な在留でもいいのか，一定の居住期間が必要なのか等，基準は必ずしも明確ではありません。

　国際裁判管轄の基準としての「住所」について，明確な認定基準を示している裁判例はほぼ見当たらないようです。ただ，国際裁判管轄の判断のために日本に住所があるとの認定がなされている裁判例においては，日本人，外国人ともに，比較的緩やかに住所の認定がなされているように思われます。

　また，渉外家事事件においては，裁判管轄における住所と似てはいるが異なる概念として，常居所地（Ｑ3参照），ドミサイルという言葉がでてくることがありますので，区別して理解する必要があります。　　　【松本　佳織】

**Q3**　離婚及び離婚に附随する問題の準拠法　　27

# Q3

## 離婚及び離婚に附随する問題の準拠法

　相談者の日本人妻は，イギリス人夫と結婚し，日本で生活してきましたが，離婚したいと考えています。離婚についてどこの国の法律が適用されますか。また，離婚訴訟の中で，子の親権・監護権，養育費，財産分与，慰謝料を求める予定ですが，この場合に適用される法律はどこの国の法律でしょうか。

**A**　　通則法27条本文が準用する25条は，離婚の成立及び効力の準拠法を，①夫婦の同一本国法，②①がない場合には，夫婦の同一常居所地法，③①，②いずれもない場合には，夫婦の最密接関連地法とする旨，段階的に定めています。また，通則法27条ただし書は，夫婦の一方が日本に常居所を有する日本人であるときは，日本法によると定めています。

　同法の規定により，設例のような，当事者双方が日本に住む日本人と外国人の夫婦の離婚については，準拠法が日本法になります。

　ただし，準拠法は法律関係ごとに決定されますので，離婚に附随して，親権者・監護権者の指定，養育費，財産分与，慰謝料等を請求する場合には，請求ごとに定められている準拠法指定のルールに従い準拠法を１つずつ決定していかなければなりません。

● ● 　**解　　説**　 ● ●

### ① 　離婚の準拠法の決定

#### (1) 　通則法27条

　離婚の成立及び効力の準拠法は，通則法27条に規定されており，同条は婚姻の効力を定める同法25条を準用しています。これは婚姻関係の準拠法をできるだけ統一するためです。

　通則法27条本文の規定により，離婚問題の準拠法は，以下のように段階的

28 第1章 離婚の手続

に決定されることとなります。

① 夫婦の本国法が同一であれば同一本国法によります（同一本国法）。「本国」とはある人についてその者が国籍を有する国のことを指し，夫婦の国籍が同一であればその国の法律が本国法として準拠法になります。よって，例えば，双方が日本に住む中国人夫婦の場合，日本の裁判所に国際裁判管轄が認められますが，準拠法は中国法ということになります。

② 同一本国法がない場合には，夫婦の同一の常居所地法によります（同一常居所地法）。したがって，国籍の異なる夫婦双方が日本に居住している場合，離婚問題の準拠法は日本法になります。

③ ①及び②の適用がない場合（夫婦が同一の国籍ではなく，共通する常居所地もない場合）には，夫婦に最も密接な関係のある地の法が準拠法になります。密接関連地は，当事者の従来の共通常居所や子や親族の常居所，言語や職業の場所などを総合的に考慮して，個別具体的に決めるとされています。

④ 以上の例外として，通則法27条ただし書は，夫婦の一方が日本に常居所を有する日本人であるときは，離婚は日本法によると規定しています（いわゆる日本人条項）。これは，渉外離婚について戸籍実務での協議離婚届の届出を円滑に処理することを考慮して定められたものです。よって，日本に国際裁判管轄が認められる場合，夫婦の一方が日本に居住する日本人であれば，他方当事者が外国人で外国に居住していたとしても，離婚の準拠法は，常に日本法となります。渉外家事事件の実務では，この日本人条項により，日本の裁判所に国際裁判管轄が認められる渉外離婚事件の準拠法が日本法になることがしばしばあります。

離婚の準拠法は，離婚の許容性，離婚の方法，離婚原因，婚姻の解消に対し適用されます。

また，離婚の準拠法には，管轄における基準時のような考えはなく，夫婦の一方が国籍や常居所を変更すると，離婚訴訟の途中であっても準拠法が変わってしまうという問題が指摘されています。

### (2) 「常居所地」

「常居所地」とは，人が常時居住する場所で，単なる居所（一時滞在している場所等）と異なり，相当期間にわたって居住する場所であるとされます。当事者の継続的な滞在の意思を必要としない点で「住所」とも区別されますが，元々「常居所地」とは住所の概念が国によって異なることから，これと区別されるために創設された国際私法上の概念です。

ただし，常居所地の定義や認定基準の定めはなく，日本における裁判例も多くありません。一般的には，身分事件における常居所の認定は，居住期間の他，居住目的や居住状況等を考慮して行われており，戸籍実務における常居所の認定基準やハーグ条約上の常居所の認定の議論が一応参考にはなりますが，それらがそのまま通則法の定める「常居所地」となるわけではないことに留意が必要です。

実務上は，外国人が数か月間でも日本に居住し，今後も日本に居住する意思をもって居住していれば日本に常居所があると認定されると考えられます。

## Ⅱ　渉外離婚事件について通則法に基づき日本法が適用される典型例

Ｑ１でも論じたとおり，国際裁判管轄の問題をクリアし，渉外事件を持ち込まれた裁判所が，いずれの国の法律を適用して当該事件を裁くかが，準拠法の問題です。したがって，通則法の適用がある場面とは，協議離婚の場合を除き（詳しくはＱ５参照），いずれも，日本の裁判所に国際裁判管轄が認められる場面であることが前提になります。

その上で，通則法に基づき日本法が適用される具体例を考えると，以下のようになります。

まず，夫婦の一方が日本に居住する日本人でありさえすれば，他方当事者が外国人であっても，日本法が適用されますので，外国人配偶者が日本に居住する場合はもちろんのこと，外国人配偶者が日本に居住しない場合でも，夫婦の最後の共通住所地が日本であった場合や，外国人配偶者が行方不明の場合等には，日本の裁判所にて日本法を適用して離婚問題が裁かれることになります。

30 第1章 離婚の手続

次に，夫婦の双方が外国人であっても，国籍が異なる夫婦双方が日本国内に居住している場合や，国籍が異なる夫婦が日本で婚姻生活を営んだ後，一方当事者が他方当事者を遺棄して他国で居住し始めたといった場合にも，日本法が適用されることになります。

## Ⅲ　離婚に関連する請求の準拠法の決定

### (1)　はじめに

繰り返しになりますが，準拠法は，問題となっている法律関係ごとに，その法律関係の性質に応じて決定されるものです。

通則法においても，24条（婚姻の成立及び方式），25条（婚姻の効力），26条（夫婦財産制），27条（離婚），32条（親子間の法律関係）といった法律関係ごとに準拠法の指定のルールを定めています。

そのため，ひと口に離婚問題といっても，実際には，離婚の効力は通則法27条により準拠法が指定される一方，親権者・監護者の指定，養育費請求，財産分与請求，慰謝料請求等は，別途，通則法等，適用される抵触法に従って，準拠法を確認する必要があります。

### (2)　離婚に関連する請求についての準拠法の決定

詳細はQ15，Q19，Q20，Q31，Q32，Q33，Q34に譲ることとし，ここでは，離婚に関連する各請求の準拠法決定のルールの概略について述べます。

(a)　**親権者の指定，子の監護に関する処分**（監護者指定・面会交流・子の引渡し）　子の親権・監護権の決定を，離婚に付随して行う場合であっても，子の親権・監護権の決定は離婚の成立とは別の法律関係ですので，準拠法の判断・決定は別途行う必要があります。

そして，子の親権・監護権は，親子間の法律関係の問題として，通則法32条の適用によると解されており，子の本国法が父又は母の本国法と同一である場合は子の本国法により，同一本国法がない場合は，子の常居所地の法律が準拠法となります（詳細はQ19，Q20，Q31）。

(b)　**養育費請求**　養育費は，親子関係から生じる扶養義務の問題として，

扶養義務の準拠法に関する法律によるものとされています。同法は，原則として扶養権利者の常居所地法が準拠法となると定めており，未成年者が日本に居住していれば，当該未成年者の国籍にかかわらず，日本法が準拠法になります（詳細はＱ32）。

(c) **財産分与**　財産分与については，裁判実務は，離婚の効果であると考え，通則法27条（婚姻の効力に関する25条を準用）を適用して，準拠法を定めています（詳細はＱ33）。

(d) **慰謝料**　日本法下で，離婚に伴う慰謝料請求をする場合，離婚そのものによる慰謝料請求をする場合と離婚にいたる経過の中で起きた不貞や暴力等個別の不法行為について慰謝料請求をする場合との２つの場合があるといわれており，前者は，離婚に付随する問題として離婚の効力の準拠法により，後者は，不法行為の準拠法（通則法17条以下）によるものとされています。ただし，実際には，後者についても，これらが原因で離婚にいたったとして，前者と同様に解する例が多いようです（詳細はＱ34）。

(e) **婚姻費用**　別居中の婚姻費用分担については，夫婦関係から生じる扶養義務の問題として，扶養義務の準拠法に関する法律により準拠法が指定されています（詳細はＱ15）。

## Ⅳ　準拠法を決定する際の留意事項

前述のとおり，通則法に基づき準拠法が決定されますが，通則法を適用しても本国法の決定が容易ではない場合や，準拠法の決定に留意が必要な場合もあります。

### (1) 重国籍者の場合

まず，重国籍の場合です。複数の国籍を認める国は多くあり，日本でも未成年者の二重国籍は認められることから，渉外離婚事件でこの点が問題となることはそれほど珍しいことではありません。重国籍については，通則法38条が，重国籍のうちに日本国籍が含まれていたら日本法を本国法とすること（１項ただし書），日本国籍が含まれていない場合，重国籍のうちの常居所地国

32　第1章　離婚の手続

の法が本国法となり，それもない場合には，重国籍のうち最密接関連地国の
法が本国法となると定めています（1項本文）。

### (2)　不統一法国の問題

　また，本国法が準拠法と指定される場合でも，本国法の中に，地域的に複
数の法域がある場合や宗教によって異なる家族法秩序が存在する場合もあり
ます。

　前者で知られた例としては，連邦制で家族法が州によって異なる米国や
カナダ等がこれに当たります。通則法38条3項はかかる場合を規定しており，
具体的にはその国の規則により指定される法，規則がない場合には当事者に
最も密接な関係がある地域の法が本国法になります。実務上，米国では，そ
のような規則はないとされていて，当事者の最密接関連地の州法が本国法と
して扱われることになります。

　後者の例としては，インドやマレーシア等があり，親族相続等の問題につ
いて，属する宗教によってイスラム家族法やヒンズー家族法といった異なる
法が適用されます。宗教による法律がある事例では，通則法40条をもとに本
国法を決定していくことになります。

### (3)　反　　致

　法廷地A国の抵触法によればB国法が準拠法になるが，B国の抵触法によ
ればA国法が準拠法になる場合に，無限の循環を避けて，法廷地A国法を準
拠法とすることを反致（狭義の反致）といいます。

　通則法41条は，この反致ルールを採用していますが，ただし書は，25条
（婚姻），同条が26条1項（夫婦財産制）及び27条（離婚）で準用される場合，並
びに，32条（親子間の法律関係）には反致が適用されないと規定しています。
したがって，渉外離婚事件における離婚，財産分与，子の親権者・監護者指
定，面会交流の問題を日本の裁判所で判断する場合，法廷地日本国の抵触法
によればB国法が準拠法になるのであれば，B国抵触法の規定にかかわらず，
B国法が準拠法となります。

### (4)　公序則の適用

　また，準拠法により本国法が決定され外国法によるべきとされる場合にお

いても，その結論が日本における公の秩序又は善良の風俗に反する場合には，通則法42条によって，外国法の適用が排除されることになります。

公序則を適用した裁判例は散見され，例えば，離婚を認めない外国法や離婚に伴う財産分与を認めない外国法の適用を排斥した判例等があります。

ただし，公序則は，外国法の規定そのものを一般的に判断するのではなく，事案の日本との密接な関連等に照らし，当該事案に具体的に適用した結果が公序に反するとされた場合にはじめて，発動されます。

## Ⓥ 先決問題としての婚姻の有効性

渉外離婚をするためには，婚姻が日本において有効に成立していることが前提になります。ある国で行った婚姻手続が，その際のやり方等によっては，他国で婚姻の効力を有しないということもあり，その場合は，渉外離婚ではなく，婚姻の効力そのものを争うこととなるでしょう。

このように，ある法律問題を判断するために不可欠な前提問題がある場合に，まず前提問題について，本問題とは別に法律関係の性質を決定し，準拠法を適用して判断するというプロセスが必要になる場合があり，これを先決問題といいます。

【松本　佳織】

34　第1章　離婚の手続

# Q4

## 日本における離婚手続の選択

日本法が規定する離婚手続には，協議離婚，調停離婚，審判離婚，裁判離婚がありますが，手続選択の判断をする場合，通常の離婚事件と渉外離婚事件とで違いがありますか。

**A**　渉外離婚の場合，国によって離婚の方法や要件が異なりますので，離婚手続の選択については，通常の離婚事件とは異なる配慮が必要です。

協議離婚は，当事者の協議のみで離婚を成立させる手続であり，日本に国際裁判管轄がなくてもすることができます。外国では有効な離婚とは認められないこともありますが，当事者が日本国内において離婚が成立すればよいと考え，離婚及び親権の準拠法として日本法の適用がある場合，協議離婚は有力な選択肢になります。

一方，協議離婚以外の手続を利用する場合，国際裁判管轄が日本に認められることが必要となります。このうち，調停離婚は，合意管轄が認められ，柔軟な手続である点に利点がありますが，当事者の出席や合意の可能性を考慮する必要があります。また，裁判離婚は，外国でも効力が認められるのが通常ですが，日本の裁判所の判決の効力が外国で認められない場合もあることに，留意が必要です。

● ●　解　説　● ●

### Ⅰ　渉外離婚事件における各離婚手続の特徴

日本における離婚の手続として，協議離婚，調停離婚，審判離婚，裁判離婚があげられます。

#### (1)　協議離婚

協議離婚は，当事者の協議のみで裁判所の関与なく離婚をすることができ

る簡易な離婚手続であり，国際裁判管轄の有無が問題になりません。そのため，日本に国際裁判管轄が認められない場合や日本に国際裁判管轄が認められるか明確でない場合はもちろんのこと，日本に国際裁判管轄が認められる場合であっても，労力，費用，時間等を考慮し，協議離婚の方法を選択することは少なくないと思われます。

ただし，日本法に基づく協議離婚をするためには，戸籍実務の基準に照らし，離婚の準拠法，及び，未成年者の子がいる場合にはこれに加えて親権の準拠法が，日本法になることが前提となります。

また，協議離婚の制度を有する国は世界的に見るとかなり少数ですので，日本で協議離婚をした場合，外国人当事者の本国においては離婚の効力が認められないという場合もあります。それでも，当事者が，日本国内において離婚が成立すれば足りると考えている場合（例えば，依頼者が日本人で，他方当事者の国の人と将来再婚する可能性がほぼ皆無であるため，日本でだけ離婚が成立しておけばよいと考えている場合等）で，当事者双方が合意できる場合，協議離婚という選択肢をとることは十分考えられるでしょう（詳細はQ5）。

なお，フィリピンは，離婚制度が基本的に存在しないこともあり，日本法に基づく協議離婚の効力が認められない典型的な国とされてきました。しかし，近時，外国人との婚姻では，外国で外国人配偶者が再婚資格を得られる法的に有効な離婚をしていれば，フィリピン人も再婚できるとされており，日本で協議離婚した事案についても，有効な離婚として承認したフィリピン最高裁の判決もあり，注視が必要です。

### (2)　調停離婚

協議離婚以外の裁判所を利用する手続では，いずれも国際裁判管轄が日本に認められることが必要になります。

この点，人事訴訟法等の一部を改正する法律によって，家事調停事件の管轄権について一般的規定が新設され（家手3条の13），当該調停を求める事項の訴訟事件又は家事審判事件について日本の裁判所が管轄権を有するとき（同1項1号），相手方住所地が日本国内にある時（同2号）に，日本の裁判所が管轄権を有することが明記されました。

また，合意管轄についても，従前から，緩やかに認められてきましたが，上記同3号によって，合意管轄が認められることも明記されました。

したがって，離婚及び離婚条件について合意ができる可能性があり，外国でも裁判所が成立させた離婚として扱われる手続で離婚をしたいという場合，調停離婚は，有効な手段となります。調停で離婚が成立する際には，外国で調停調書を提示することを想定して，確定判決と同一の効力を有する旨の文言を調停条項に入れてもらうことが望まれます。

ただし，調停離婚を成立させるためには，少なくとも，調停成立時に当事者が期日に出席することが必要であり，出席可能性も考慮して，手続選択をする必要があります（詳細はＱ6）。

### (3) 審判離婚

審判離婚は，当事者に離婚の合意はありながら，財産分与や養育費などわずかな意見の相違により調停が成立しないとき等に行われます。国内事件では非常に数が少ないですが，渉外離婚事件では，日本で成立した離婚が裁判所の決定によるものであることを明らかにして，外国でその効力が認められる可能性を確実にするため，調停離婚ではなくあえて審判離婚を採用する場合もあります。また，合意はできているが離婚調停の成立期日に外国に居住する当事者が出席できないといった場合等にも，調停ではなく，審判離婚が利用できると考えられます（詳細はＱ7）。

### (4) 裁判離婚

協議離婚や調停離婚といった合意に基づく離婚をすることができない場合には，裁判離婚の方法によることになります。

裁判所を利用する手続ですので，当然，国際裁判管轄が日本の裁判所に認められることが必要です（Ｑ2参照）。

なお，渉外離婚についても調停前置主義は適用されますが，相手方が行方不明である場合の他，外国に居住し調停への出席意思のないことが明らかな場合等には，調停を前置せずに提訴することが認められています。

離婚裁判の判決が外国においても効力を有するか否かは，当該国の外国判決の承認のルールによります。日本の裁判所で出された離婚裁判の判決は外

国においても効力を有することが多いです。とはいえ，離婚制度を基本的には認めない国や離婚について一定の条件を求めるイスラム諸国等では承認されない場合もあります。

また，公示送達による判決の場合，外国において効力が承認されないことが多くあります。

さらに，日本の裁判所で離婚に付随する問題について判決等の債務名義を取得したとしても，外国において効力を有するためには，当該国の国内法規に基づき，外国判決の自国での承認及び執行申立ての許容という条件を満たさなければならないため，日本での債務名義が外国ではそのまま効力を認められず，財産確保や執行ができないという場合もあり得ます。そのため，日本に国際裁判管轄がある場合でも，外国に多くの夫婦共有財産が存在する場合や，外国法の適用に基づく解決の方が，財産分与や親権，面会交流等について望ましい結果を得られる可能性があるといった場合等は，あえて日本の裁判所に離婚訴訟を提起するのではなく，予め外国での離婚訴訟を選択するという場合もあり得ますので，注意深く検討する必要があります（詳細はＱ8）。

## Ⅱ 渉外家事事件の処理方針決定における留意点

渉外家事事件の実務において，重要と思われる留意点について述べます。

まず，渉外家事事件においては，最初に国際裁判管轄について検討する必要がありますが，一方で，事案の処理方針を検討する際には，国際裁判管轄の有無に縛られすぎてしまわないようにすることも大切です。渉外家事事件では，当事者が国際裁判管轄をめぐって争い，裁判が長引いたり，複数の国で裁判を行ったりすることになる等，紛争が長期化し費用も高額になりがちです。また，必ずしも明確な規定がない領域も多く，見通しがつきづらい場合もあります。このため，渉外家事事件の処理方針を決める場合，合意による解決の可能性についてもよく検討し，総合的に処理方針を選んでいくことが重要です。

そのため，相談者・依頼者が何を重視したいと考えているのか（離婚の成立，金銭の獲得，親権や面会交流の確保等）をよく聞き，意思を確認することが通常の家事事件以上に大切ともいえるでしょう。

他方，合意による解決が困難で，相談者・依頼者が居住する当該国で離婚手続をとることができない場合や他方当事者の国外への転居等により当該国での離婚手続が将来困難になることが予想される場合等では，離婚問題の長期化や外国での裁判手続により，相談者らの負担が大きくなることも予想されます。こうした場合，相談者らの希望の実現可能性の程度や希望実現のために要する費用等の見通しを適切に伝え，負担が大きいと見込まれる場合には，重視する項目の優先度や早期解決，費用等を考慮して相談者が現実的な選択を行う必要が生じることもあります。いずれにせよ，十分なリスク説明や相談をした上，最終的な手続選択を決める必要があると考えられます。

## Ⅲ　各離婚手続に共通する渉外離婚事件特有の留意点

### (1)　はじめに

基本的には，通常の離婚事件と渉外離婚事件とで，各手続が有するメリット，デメリットの特徴は，ある程度，共通しているといえます。例えば，協議離婚は合意さえできれば簡易迅速な手続であり，一方，離婚訴訟は，一般的には時間や費用を要しますが，当事者が合意できない場合には，裁判所に強制的に判断してもらう他はないといった具合です。

もっとも，渉外離婚事件の場合には，国際裁判管轄の問題を無視できないことに加え，一方の当事者が外国人であることに起因して，外国での離婚の効力の問題や日本法の理解が不十分であるために生じる誤解など，渉外離婚事件特有の配慮が必要な点があります。

### (2)　渉外離婚事件特有の留意が必要な点

### (a)　外国人の依頼者・相手方に対する説明の重要性

(ア)　離婚の外国での効力について　　まずは，前述のとおり，日本法で認められている離婚の方式で離婚をしたとしても，そのすべてが外国におい

て効力を有するわけではありません。協議離婚は外国で離婚の効力が認められない可能性がありますし，調停離婚についても，外国で効力が肯定される例が知られているものの，確定判決と同一の効力を有する旨を付記したとしても，必ず離婚の効力が認められるのかは定かではないこともあります。この点，審判離婚にした方がより確実といえるでしょう。

　また，離婚を原則認めない国だけではなく，離婚を認める場合であっても，離婚原因や手続等の点で，日本の裁判所で取得した離婚判決が，外国人配偶者の本国で離婚の効力が認められない可能性もあります。

　依頼者が日本人等で，本人の希望もあって，日本における離婚の成立さえ認められればかまわないという場合もありますが，とりわけ依頼者が外国人である場合等，その者の本国において，選択する離婚手続が効力を有するかは注意して確認する必要があります。

　また，裁判離婚においても，公示送達の場合は効力が認められなかったり，執行力が認められなかったりする場合もありますので，依頼者に対する説明に注意が必要です。

　　(イ)　離婚手続及び実体法の内容　　日本法における離婚手続の大きな特徴として，協議離婚が認められることは前述したとおりですが，外国では，離婚の合意がある場合であっても裁判所の関与が必要なことが多く，役所に対する離婚届の提出だけで，親権の指定も含め離婚が成立するということに戸惑う外国人も少なくありません。

　また，調停離婚についても，別席での調停の進め方や調停の成立後にしか調停調書が作成されないのが通例であることを理解していなかったり，家事調停・審判事件については複数の関連請求の申立てが必要となる場合があることを理解していなかったりして，手続に不信感を抱く例もあります。

　さらには，実体法の違いからくる理解不足や感覚の違いから，紛争の解決が困難になる場合もあります。共同親権制を採用する国の外国人が，日本法が単独親権制を採用することを知っていたとしても，その具体的帰結（養子縁組や面会交流への影響）については理解していなかったというようなこともあります。

特に日本語能力が十分でない外国人の場合，言語が理由で誤解が生じたり，当該外国人の予想以上に翻訳費用等の費用を要することもあり，十分な説明がトラブル防止につながります。

(b) **相手方が外国に転居する可能性がある場合**　渉外離婚に伴い，あるいは，渉外離婚の紛争中に，当事者が，夫婦関係の悪化・解消，仕事の都合等の理由で，本国ないし第三国へ転居してしまう場合があります。

出国を予定する外国人から相談を受ける場合もありますが，日本に居住する日本人配偶者から，離婚を決意しているが，外国人配偶者が日本にいなくなるかもしれず，どうしたらよいかと相談を受けることがあります。

相手方が外国へ転居してしまうと，今後の連絡について不安が生じたり，最悪の場合，相手方が行方不明になる場合すらあります。

このような場合，相手方が実際に外国に転居する前に，協議等で早急に離婚を成立させることが望まれる場合が少なくありません。時には，依頼者の希望について妥協をしてでも離婚を成立させる方が望ましい結果となる場合もあるでしょう。

相手方が離婚の成立前に外国に転居してしまった場合，それでも協議離婚や調停離婚ができればまだ問題は小さいですが，離婚裁判が必要になる場合，送達や国際裁判管轄の問題・競合等から，出国の前と後とで，相談者の負担・リスクが一気に増大する場合があります。

これを防ぎ依頼者の利益を守るためには，相手方が外国へ転居する前に，早急に提訴までこぎつけることが重要な場合もあります。

(c) **相手方外国人の在留資格の問題**（詳細はQ17，Q39）　一方当事者が日本人や永住者の渉外離婚事件では，他方当事者である外国人が日本人籍の日本での居住を希望し続ける場合であっても，別居の事実が，在留資格（とくに配偶者ビザの場合）に影響を与え，離婚調停や離婚裁判中に，在留資格の更新が許可されなかったり，在留資格が取り消されたりする場合もあります。

日本の裁判所での離婚事件の係属中は，事情を疎明して，在留資格の更新等が認められることはあります。もっとも，離婚後は，外国人が日本人の実子を現実に養育している場合や他の在留該当性がある場合等は在留資格を付

与されますが，こうした事情がない場合には，在留資格が認められない場合
が少なくなく，養育費の確保や面会交流の内容や実現の可否等，離婚問題の
解決に影響を与えることもあります。

【松本　佳織】

42　第1章　離婚の手続

# Q5

## 協議離婚の手続と留意事項

　私は日本人で，日本で外国人の夫と結婚しています。この度，夫と離婚することで合意しました。離婚の方法について，私は市役所に離婚届を提出して済ませたいのですが，夫はそれで有効に離婚できるのか不安がっています。日本の協議離婚の方法で離婚できるでしょうか。

**A**　夫妻の離婚が日本国内で有効と扱われれば足りる場合，日本の協議離婚の方式で離婚することができます。外国人当事者の本国においても当該離婚が有効と扱われることが必要である場合は，外国人当事者の本国で，日本の協議離婚が有効とされるか否かについて事前に確認する必要があり，無効となる可能性が高い場合には協議離婚の方法はとることができません。

● ● 　解　　説　 ● ●

## Ⅰ　協議離婚の手続について

### (1)　協議離婚とは

　民法763条は，「夫婦は，その協議で，離婚をすることができる」と規定しています。同条に基づき，日本では，夫婦が離婚，及び夫婦に未成年の子がいる場合は子の親権者について合意し，市役所に離婚届を提出する方法で離婚することが認められています。

　日本では，このような，第三者による夫婦の離婚意思確認の手続を行わない離婚の方式を採用しているため，当事者の一方が他方の同意のないまま離婚届の署名を偽造して離婚届を出してしまう危険があります。そこで，このようなリスクを避けるため，夫婦の一方が，予め，本籍地の市役所等に，自らを当事者とする離婚届が提出された場合でも，本人が出頭して離婚届を提出する場合を除いては，離婚届を受理しないよう申し出ることができる制度

（不受理申出制度，戸27条の2第3項）が定められています。同制度により，当事者の一方が離婚届の不受理申出をした場合，その有効期限は無期限であり，後日当該当事者が当該不受理申出を取り下げるか，あるいは自ら出頭して離婚届を提出するまで，当該当事者に関して協議離婚の方法で離婚することはできなくなります。

### (2) 外国人当事者に対する説明の留意点

　上記のような協議離婚の制度は，世界的には非常に特異な制度です。そのため，日本の協議離婚の制度について外国人当事者から相談を受けた際に下記のような点について注意を促すことが望ましいと考えられます。

　まず，日本の協議離婚の制度は，上記のように夫婦が離婚について同意して離婚届を市役所等に提出さえすれば，裁判所あるいは公的機関によるそれ以上の一切の関与なく，離婚が成立してしまうとても簡易な制度であるということです。世界の多くの国では，離婚成立までの過程において裁判所あるいは公的機関に当事者双方が原則として出頭して意思確認をすることが手続上要求されます。そこで，外国人当事者は，そうした彼らにとっての「常識」を背景に，離婚届に署名捺印しても，後日公的機関による意思確認が行われるであろうから，それまでに離婚及びその諸条件について交渉ができるという誤解をし，離婚届の作成に応じてしまっている場合があるのです。そこでそうした誤解を元に行動しないように，十分な説明を行う必要があります。

　次に，夫婦に未成年の子がいる場合，日本の協議離婚の場合は親権者を定めて離婚届を提出する必要がある（民819条1項，戸76条1号）ということです。そこで，渉外離婚の場合も，夫婦に未成年の子がおり，同人の親権に関して日本法が適用される場合（詳しくはQ3），子の親権者についても合意し，離婚届に記載する必要があります。ところが，外国人当事者がこの点について知らない場合，離婚届に離婚についてのみ記載し，親権者欄について空欄のまま相手方当事者に離婚届を預けた結果，相手方当事者が子の親権者欄に自らを無断で記載して届出を行うということが起こり得ます。そのためこの点についても注意喚起が必要です。

### (3) 管轄についての配慮が不要

以上のように，日本の協議離婚は外国人当事者にとっては何点か注意が必要ですが，裁判所での手続ではないために，管轄（詳しくはＱ２）がなくても日本法上は有効な離婚ができるという点において非常に便利な制度でもあります。

すなわち，日本人が日本に居住しており，相手方配偶者である外国人が外国に居住している場合で，日本に国際裁判管轄が認められない場合でも日本法が適用法となり，協議離婚は可能となるのです。

## Ⅱ 外国人との離婚について協議離婚の方法を採用することが適当かどうか

外国人との離婚（下記に検討するとおり，双方外国人である場合を含む）について協議離婚の方法で離婚することが適当かどうかの検討においては，日本国内において協議離婚が可能か否か，有効である場合，外国人当事者の本国において協議離婚が承認されるかどうかの問題を分けて考えることが必要です。

### (1) 日本国内における協議離婚の有効性

(a) 前提問題——適用法の確認　　前提として，対象となる離婚に適用される法律がどこの国の法律であるか（準拠法）を確認しなくてはなりません。この点については本書Ｑ３に詳細に説明されています。

協議離婚の準拠法検討の際に注意すべきなのは，市役所の戸籍窓口では，準拠法確定の際に用いられる「常居所地」概念（通則法27条）について，通達（「法例の一部を改正する法律の施行に伴う戸籍事務の取扱いについて」平成元・10・２民２第3900号民事局長通達）に従って形式的に判断される，という点です。

(b) 適用法が日本法である場合　　上記に従って確認した結果，適用法が日本法である場合（概略としては，夫婦の片方が日本に常居所を有する日本人である場合及び，外国人夫婦であっても同一本国法がなく，同一常居所地法あるいは最密接関連地法が適用される場合にそれらの法律が日本法である場合）には，日本の協議離婚の方法で離婚ができます。

こうして成立した協議離婚は，日本国内では有効ですが，それぞれの外国

人当事者の本国でも有効な離婚として取り扱ってもらえるか、は別の問題です。したがって、下記(2)に記載する検討を行い、外国人当事者が納得して離婚するために日本法上の協議離婚の方式をとることが適当であるか否かを検討する必要性が出てきます。

(c) **適用法が外国法である場合**　　上記(a)に従って確認した結果、適用法が外国法である場合は、協議離婚が可能か否かは当該外国法に従って判断されることとなります。

ここで注意が必要なのは、適用される外国法上、協議離婚が可能とされている場合です。この場合、該当する外国法上の方式に従って協議離婚が可能になっているだけですから、日本の方式と全く同じ方式で離婚が有効に成立するわけではありません。そのため、そうした場合に適法に協議離婚を成立させるには、案件ごとに必要な確認を行わなければなりません。

(2) **外国人当事者の本国における有効性**

(a) **総　論**　　(1)に従って検討した結果、協議離婚が日本国内において有効に成立する場合であっても、渉外事件の場合、外国人当事者の本国において、日本の協議離婚が有効と扱われるかどうかは別の問題です。このことは、特に外国人当事者が将来本国に帰る可能性がある時には、帰国後の再婚の可否に直結する問題です。そのため、外国人当事者が、日本の方式の協議離婚の本国での有効性を気にして、協議離婚を嫌がる場合があります。この場合、基本的には日本の方式での協議離婚が本国で有効と取り扱われるか、は本国における法制度によって異なりますので、案件ごとの確認が必要です。ただ以下2か国については、下記のような実務がありますのでご参考までに紹介します。この実務も、本書発行時点のものですので、実際には案件ごとに確認されることをお勧めします。

(b) **中国の場合**　　中国人夫婦の離婚には、通則法27条により、中国法が適用されます。中国婚姻法31条は協議離婚を定めており、協議離婚を求める夫婦双方が婚姻登録機関に出頭し、離婚意思等を確認されるという内容になっています。したがって、厳密にいえば双方出頭も意思確認も行わない日本法上の協議離婚とは異なる制度です。しかし、日本の戸籍実務上、中国法に

定める双方出頭での離婚届は通則法34条2項で定められる「方式」の問題であるとして，中国人夫婦の協議離婚届は受理され，離婚届の受理証明書が発行されます。中国国内で婚姻登記を行った中国人夫婦については，同書を在日中国領事館に届け出ることによって中国法上有効に離婚ができるようです。

　(c)　**韓国の場合**　　通則法上日本法が適用される夫婦（典型的には日本に常居所を有する日本人と韓国人）の場合，日本法上の協議離婚届によって，韓国においても有効に離婚が成立します。韓国人当事者は，そうして成立した離婚について韓国への報告義務がありますので，市役所で発行される離婚届受理証明書を在日韓国領事館に届け出ることになります。

　通則法上韓国法が適用される夫婦（典型的には韓国人同士の夫婦）の場合にも，日本の戸籍実務上日本において協議離婚届は受理されますが，この方法では韓国法上有効に離婚できないので注意が必要です。というのも現在の韓国民法上の協議離婚制度は，家庭法院での離婚教育，熟慮期間の導入，子がいる場合の親権者・養育費・面会交流の有無内容についての合意の義務化（同法836条・836条の2・837条・837条の2，http://www.moleg.go.kr（英語訳あり））など，日本の協議離婚制度とは大きく異なるからです。そのため，この場合に協議離婚を希望する夫婦は在日韓国領事館に双方出頭して協議離婚の手続を行う必要があります（韓国大使館 HP）。

Ⅲ **離婚届不受理届を提出した外国人当事者がそのまま本国に帰った場合**

　外国人も，離婚届の不受理届を出すことができます（平20・5・27法務省民1第1503号民事局長通達）。

　実務では，このように離婚届の不受理届を出した外国人が，その後本国に帰国してしまうことがあります。不受理届は原則として申出人本人が市役所に出頭して取り下げなければなりません。そうすると，外国人が帰国後，当事者同士に協議離婚の協議が調っても，不受理届のために協議離婚ができないという場合が生じます。

　こうした場合は，外国人は，その所在する外国の日本の在外公館に出頭し

て，不受理届を取り下げる手続ができます（平23・9・12法務省民1第2132号民事局民事第一課長通知）。

　在外公館への出頭ができず，在外公館が送付での受付をしない場合は，Q6～8の方法での離婚の手続をとって，離婚するしかないということになります。

【淡川　佐保子】

48　第1章　離婚の手続

# Q6

## 調停離婚の手続と留意事項

　私は日本人で，中国人の夫と日本で結婚していましたが，数年前から別居しています。現在夫は中国に住んでいます。夫との間の子は，出生からずっと私が日本で育てています。現在夫とは，離婚及び私が親権をもつことで合意していますが，面会交流や財産分与についてまだ合意できていません。日本の裁判所で調停をできるでしょうか。可能である場合，調停の進行について注意する点はありますか。

**A**　相手方が自ら出席するか，あるいは代理人をつけて日本の調停に出席する意思がある場合，調停の実施は可能です。離婚，財産分与，親権及び面会交流についてすべて日本法が適用されますので，相談者が子の単独親権をもつことも可能です。調停の開始のために必要な送付について注意すべき点があります。調停成立のためには，最終的に相手方本人が調停に出席する必要があることにも注意してください。

● ● 　解　　説　 ● ●

## Ⅰ　調停離婚の手続について

　協議離婚が成立しない場合（離婚について当事者の任意の協議が調わない場合，及びQ5におけるような手続の有効性の問題の検討の結果，協議離婚の方法が適当でないという結果になった場合），婚姻当事者は，家庭裁判所において調停，すなわち話合いの方法で離婚する方法をとることができます（家手244条）。日本では調停前置主義がとられているので（家手257条1項），当事者が離婚に関して裁判を受けたいと望んでいる場合であっても，必ず一度調停の手続を経なければならないのが原則です。

　したがって，当事者が調停を行わずに離婚の裁判を提訴した場合でも裁判

所が一度調停に付す（付調停）のが原則です。しかし例外的に，裁判所が付調停が相当でないと判断した場合には，調停に付さずに離婚裁判が係属することがあります（家手257条2項）。渉外離婚に特有の，そうした例外的な場合としては，相手方当事者が国外に居住し，調停への出席の意思がないことが明らかな場合が挙げられます（松川正毅＝本間靖規＝西岡清一郎編『新基本法コンメンタール人事訴訟法・家事事件手続法』（別冊法セ225号）533頁〔岩田淳之〕参照）。

　調停の期日においては，調停委員がいる調停室に，申立人と相手方が交互に入室し，合意できる条件について協議を重ねます。

　調停成立の場合には，当事者の意思確認のために，原則として両当事者が一室に会して，裁判官が読み上げる離婚の条件について確認をします。読み上げられた条件が調停調書に記載されると，それで調停として成立します（家手268条1項）。当事者の署名は不要です。外国人当事者が離婚調停の手続についてよく誤解するのが，この調停の成立要件です。つまり，諸外国では裁判所において和解類似の手続を成立させる際に，当事者の署名を要求することが多いのです。しかし，日本の調停においては，上述のとおり調停調書の作成のみで調停が成立してしまいます。そこで，当事者が自らが署名をしていないためにまだ交渉の機会が残っていると勘違いしたまま調停成立の手続を行ってしまうことがあります。そのためこの点については，外国人当事者には丁寧に説明する必要があります。


## Ⅱ　渉外事件における調停離婚の可否について

　渉外事件において調停離婚を行う1つのメリットとしては，調停については，合意管轄が認められる点です。合意管轄は実務において，従前から認められてきましたが，人事訴訟法等の一部を改正する法律によって，家事調停事件の管轄権が規定され，合意管轄が認められることが明記されました（家手3条の13第1項3号）。当該離婚に日本法又は，合意による離婚を認める外国法が適用され，当事者が調停出席の意思があれば，有効な調停離婚として成立するという点です。適用法についての詳細はQ3をご確認ください。

50　第1章　離婚の手続

　こうして成立した調停離婚は，日本国内においては完全に有効です。国外における効力については別の配慮が必要であり，下記 **Ⅳ** に記載するとおりです。

　離婚条件については当事者が合意しており紛争性はないが，合意内容に執行力を付与したいという目的で離婚調停を申し立てることもできます。例えばＱ5におけるような検討の結果，離婚条件については合意しているが，外国人当事者が協議離婚の方式では離婚したくない，というケースの場合にも，離婚調停は活用できるということです。

## **Ⅲ　調停実施における手続上の問題**

### (1)　**当事者双方が日本に住んでおり出席できる場合**

　言語の問題がありますが，後記(3)をご覧ください。

### (2)　**当事者の片方が外国に住んでいる場合**

　**(a)　送達の問題**　　訴訟を行う場合，手続的に有効と認められる送達の方法により行われた送達（詳細はＱ9）を前提にした判決だけが有効となります。

　しかし，調停事件の場合，申立書は相手方に原則として「送付」（家手256条1項）し，期日の呼出しは「相当と認める方法」によることと法文上定められていることから（家手34条4項，民訴94条1項），民事訴訟法上の送達の方法でなくても，これらの方法として適式であれば有効な送達と認められます。

　具体的には，相手方の居住国が民事訴訟手続に関する条約（民訴条約）又は民事又は商事に関する裁判上及び裁判外の文書の外国における送達及び告知に関する条約（送達条約）の締約国で，直接郵便による送達の方法について拒否の宣言（民訴条約6条1項，送達条約10条(a)）をしていない場合には，直接郵便による送付をすることも可能です。

　また，例えば，調停では下記のように両当事者の出席を確保する必要があります。そのため，裁判所が，国内にいる申立人に，国外居住の相手方への出頭の意思確認を事実上行うように求めることがあります。申立人がこの目的で相手方と直接連絡をとって調停の趣旨及び期日の連絡をすることによっ

て，事実上期日の呼出しがされたものと扱われることもあります。

### (b) 出席の要否

（ア）交渉を行う期日　　交渉の段階では，代理人の出席が確保できれば，調停の期日として進行することができます。交渉の段階においても，家事事件の特殊性から本人の出席が推奨されています。

交渉の期日において，代理人も本人も出席しないということであれば，原則として調停の期日としては進行不能で，調停が打ち切られることも考えられます。ただし，家事事件手続法により，電話による出席の方法（家手258条・54条）が認められていますので，代理人ないし本人は，国内にいる限り電話会議の方法で手続に出席することができます。しかし，こうした電話会議の方法で出席する当事者は，国内にいることが前提となりますので，出席者が海外から電話会議の方法で調停に参加することは，手続上認められているわけではありません。

こうした理由から，離婚の条件については当事者で事実上の合意ができており，ただ執行力等の配慮から調停という形式を選んだ場合において，一方当事者が海外におり，出席の確保も代理人の確保も難しい場合，以下の方法によりスムーズに調停を成立させることができます。すなわち，申立人が調停申立時にそうした事情を説明して，離婚に関する合意済みの条件を家庭裁判所に同時に提出しておきます。初回期日までに，家庭裁判所と申立人，場合によっては申立人を通じて海外居住の相手方と，調停条項案の詳細を詰めます。そして，初回期日を成立期日にすべく，申立人と相手方が初回期日に出頭する（相手方にはその日だけ日本に来てもらって調停に出席してもらう），という方法です。

（イ）成立予定の期日　　調停成立時には，離婚及び離縁に関する家事調停においては，当事者の意思確認の必要性から，本人の出頭が求められます（家手281条・51条及び家手268条3項）。本人が海外にいる場合であっても同様です。

したがって，例えば海外の当事者が日本の代理人を確保して調停手続で事実上離婚条件に合意しているが，どうしても調停に出席できない場合，調停が成立させられないため，調停に代わる審判離婚という手続を活用すること

52　第1章　離婚の手続

が考えられます（詳細はQ7）。

#### (3)　言語の問題

　調停は日本の裁判所における手続ですので，日本語で進行されます。一部の大都市の家裁では，渉外家事調停事件において事実上英語を解する調停委員ないし調停官が調停を進行する運用がなされていますが，これはあくまで事実上の配慮にすぎず，当事者が権利としてそうした進行を求めることができるものではありません。通訳人の立会を権利として認める民事訴訟法154条の規定を，家事調停に関する家事事件手続法は準用していないからです。

　したがって，日本語をほとんどあるいはまったく解しない当事者が裁判所での調停に参加する場合，自ら通訳してくれる人を確保して同行してもらうか，自らの言語を理解してくれる代理人弁護士を確保することが望ましいといえるでしょう。なお，通訳者の同席については，通訳者の身分証明や宣誓等について厳格な裁判所もあるようですので，事前に確認しておくことが望ましいです。

#### (4)　相手方当事者の居所が分からず，あるいは相手方当事者の出席が確保できない場合

　この場合まず，居所不明でかつ連絡もつかない状態であると，送付ができないので，調停を開始することができません。また，相手方当事者が絶対に出席しないことがわかっている場合，調停を成立させることができません。そのため，いずれの場合も調停を利用した離婚の成立はできないということになります。

　ただし，こうした場合，上記のように調停前置主義の例外的な場合として，調停を経ずに離婚訴訟を提起することができますので，離婚訴訟の提起を検討することになります。

### Ⅳ　外国人当事者の本国における承認

#### (1)　裁判での離婚のみを認める国

　この場合，調停は裁判所の行う公的な判断ではなく，あくまでも当事者が

形成した合意なので，承認されるかどうかは注意が必要です。当該国で日本の調停離婚が認められた経験のある弁護士が大丈夫であると請け合ってくれれば安心できます。しかしそれ以外の場合，国によって制度はまちまちであり，当該国の専門家が「日本の調停離婚がこれこれの方法で当該国で承認可能である」と論じているとしても，実際どれくらい調停離婚の制度について理解してのコメントであるかは判断しかねるというのが実情です。そこで，これから離婚をするという場合には，調停離婚の方法ではなく，審判離婚（Q7）の方法をとることを検討するのが無難といえるでしょう。

　国によっては，法制度上は裁判離婚のみを認めるとしながら，日本の調停離婚は承認する運用を行っているという情報がある場合もあるので，例えばすでに調停離婚の方法で離婚してしまった場合には，本国での承認の可否について諦めず確認を行うことが推奨されます。

### (2) 離婚を認めない国

　この場合も，原則として承認されることはないと考えることが合理的です。

　現在，世界中で離婚を認めない国として知られているのはフィリピンですが，同国については，Q7で詳述するとおり，①フィリピン国籍者と非フィリピン国籍者の婚姻について，②外国において，非フィリピン人の再婚を可能とする有効な離婚判決が取得されている場合には，当該離婚がフィリピン国内でも承認されるという最高裁判決が出ています。調停離婚は裁判所における離婚ではありますが，あくまでも判決離婚ではないので，理論上は上記要件②を満たさないのではないかと懸念されます。ただ2016年時点において同国の実務上は日本の調停離婚を判決離婚と同視することについての問題意識は低いようであるとのレポートがあります（大谷美紀子監修「フィリピンにおける外国離婚判決の承認及び婚姻無効・取消しについて(4)」戸籍時報752号13頁）。実務上の配慮としては，調停成立時に調書上，家事事件手続法268条1項に基づき，確定判決と同一の効果があることを明記してもらうことが望ましいです。又は，フィリピンの裁判所で承認されないリスクを回避する要請が強い場合には，調停に代わる審判を出してもらうという選択肢がよい場合もあります。

### (3) 裁判以外の方法での離婚を認めている国

54　第1章　離婚の手続

　この場合，非常に大まかにいって調停離婚が承認されやすい傾向にあります。しかし，離婚の方式に関する制度というのは，Q5でも検討したように，国によって千差万別なので，これから離婚する場合に万全を期するには，上記(1)と同様，審判離婚（Q7）を検討することがよいと考えられます。

　すでに調停離婚を済ませてしまっている場合には，やはり国によって制度が異なるので，その国ごとに調査確認を行うしかありません。

【淡川　佐保子】

# Q7

## 審判離婚の手続と留意事項

　日本では審判離婚という離婚の方法があると聞きましたが，どういう手続ですか。外国人当事者との離婚の場合に審判離婚の方法で離婚するメリットは何ですか。

**A**　裁判所における離婚の調停が成立しない場合に，裁判官が審判という形式で離婚をする決定です。外国人当事者が日本での離婚を確実に本国で承認してもらう方法として選択される場合があります。

●●　解　説　●●

### Ⅰ　審判離婚について──調停に代わる審判

　家庭裁判所は，調停が成立しない場合において，相当と認めるときは，当事者双方のために衡平に考慮し，一切の事情を考慮して，職権で，事件の解決のため必要な審判をすることができます（家手284条1項）。このように，審判は調停と異なり，当事者の合意ではなく裁判官の決定です。

　審判に対しては，告知を受けた日から2週間以内に，不服のある当事者は異議を申し立てることができます（家手286条）。判決に対する上訴及び通常の抗告と異なり，この異議については異議の理由は必要ありません。適式な異議が提出されると，上級裁判所の判断なく，提出された時点で審判の効力は失効します（家手286条5項）。

　このように，審判は手続上の効力が非常に弱いものです。そのため，国内離婚案件で審判が利用されることは極めてまれです。離婚自体あるいは附帯事項（親権，財産分与）に少しでも争いのある場合は，より安定した効力のある判決を求めて，離婚裁判を提起することが合理的だからです。

## Ⅱ　外国人当事者の本国における承認

　審判は，上記したように裁判の一種なので，離婚を認める国であれば，裁判による離婚として承認される可能性が高いものです。

　法制上国内の離婚を認めない国においても，例えばフィリピンでは，家族法26条2項において外国における離婚判決の承認制度が定められています。同項の文言上，①フィリピン人と外国人間の婚姻について，②その後外国人である当事者が外国において取得した有効な離婚判決が存在し，外国人当事者が再婚資格を得たことが要件として要求されています。日本における審判離婚は，日本法上の裁判離婚の一種ですので，前記②要件を満たすことは確実です。なお，フィリピンで最高裁判決が変更されたため，**Q6**で前述したように，②要件を満たす審判離婚は，どちらの当事者から申し立てられたものでも承認の可能性が認められることとなりました。従前の最高裁判決（2005. 10. 5（PR vs. Orbecido154380 October 5, 2005））では，当該判決等を取得する手続は，非フィリピン国籍当事者からの申立てであることが要件とされていました。しかし最高裁は，フィリピン家族法26条2項の規定は，離婚判決等を取得する手続が，非フィリピン国籍当事者からの申立てであることまでを明文上要求しておらず，法の下の平等の観点から，非フィリピン国籍当事者のみが離婚の効果を享受することは，フィリピン国籍当事者にとって不平等であるという理由で，当該判例を変更しました（Republic of the Philippines vs. Marelyn Tanedo Manalo G. R. No. 221029. April 24, 2018）。今後は当該判例変更が実務に与える影響を確認しながら承認の可能性を検討していくことになると考えられます。

　このように，外国人当事者が離婚及び附帯事項について事実上合意しているが，本国での承認が確実に受けられることを離婚の条件としており，調停離婚の本国での承認にも確信がもてないような場合，審判離婚（調停に代わる審判）の手続をとることによって離婚することが可能です。

　審判離婚を選択すると，送達手続までは要求されず（家手67条），審判そのものも「相当と認める方法で告知」されれば効力が発生する（家手74条）ので，

手続的な負担が軽いことに大きなメリットがありますが裁判官の判断によって送達手続が用いられることもあります。

　また，手続上の選択肢としては，あえて調停を不成立にして離婚の裁判を提起する方法も存在します。しかし，裁判離婚の場合，手続の係属及び判決の効力発生には必ず被告への送達手続が必要となり，例えば国外にいる被告に対してこうした送達を行うことは，手続的負担が大きいことになります。

　なお，附帯事項の中に面会交流，養育費支払義務などが含まれている場合で，後日相手方当事者が当該条項に違反する可能性があることから，相手方当事者への執行を確保する要請が強い事案というのもあります。そうした場合には，上記にかかわらず本問で詳述するとおり審判を送達することが望ましいことになります。

## Ⅲ　調停に代わる審判の活用方法

　審判手続においては，裁判官が審判を行うのに，必ずしも相手方当事者が審問期日に出頭することを必要としません。この点は，Q6で確認したように，調停成立においては必ず両当事者の出席が必要とされる点との違いになります。

　また上記で検討したように，調停に代わる審判は裁判なので，裁判離婚しか認めない外国においても承認される可能性が高い手続です。

　そこで，近時においては協議離婚を承認しない本国の外国人当事者が，調停にも出席できないが，離婚及び附帯事項の条件については当事者間で合意ができている場合に，審判離婚を使うことで離婚するという方法が活用される場合が出てきました。

　渉外事件においては，離婚等については事実上の合意ができているが，確実に離婚できる方式及び当事者が耐えられる手続的負担の程度が問題となる場合も多く，上記のような審判離婚の活用は1つの有効な手段と考えられます。

【淡川　佐保子】

58　第1章　離婚の手続

# Q8

### 判決離婚の手続と留意事項（和解離婚を含む）

　私は日本人で，アメリカ人の妻と結婚して婚姻期間を通じて日本で暮らしていました。数年前から不和で，去年妻は私を置いて突然全財産をもってアメリカに帰国してしまいました。私はもう妻と離婚したいのですが，妻を相手に離婚の裁判をすることができるでしょうか。日本で裁判をする場合，どのようなことに配慮して裁判の準備を行えばよいでしょうか。

**A**　日本の裁判所において，日本法に従った離婚の裁判を受けることができます。ただし，判決取得後にアメリカにおいて財産に関する執行を行う必要性があるので，執行にかかる労力を考えて，アメリカで裁判をした場合と比較してどちらのメリットが相談者にとって大きいか，アメリカの弁護士と協議検討することをお勧めします。日本で離婚裁判をする選択をした場合，送達，妻が対応せず欠席裁判となってしまう場合，妻側が対応する場合の出席の要否等について配慮した準備が必要となります。

● ● 解　説 ● ●

### Ⅰ　人事訴訟について

　離婚を含む，人事訴訟法2条に規定される身分関係の形成等を裁判所が定める事件については，人事訴訟法という法律に基づいて裁判手続が行われます。

　人事訴訟法は，一般の民事裁判の手続法である民事訴訟法の特例法です。すなわち，人事訴訟法上の大半の手続は民事訴訟法の規定を準用して行われます。しかし，人事訴訟法が適用される身分関係の形成ないし存否確認というのは，極めて個人的な内容であると同時に，判決効が第三者にも及び，公益性をもつ事項でもあり，人事訴訟法においては真実発見が重視されます。

そこで，民事訴訟法の原則である，私的自治の現れとしての処分権主義が，いくつかの手続において制限されています。具体的には，人事訴訟法19条及び37条において，いくつかの民事訴訟法の規定は人事訴訟法に適用がない旨定められています。

人事訴訟法上の離婚に関する和解について，外国に所在する当事者に伝えるべきこととしては，上記適用除外条項（人訴37条2項）によって，和解期日においては原則として出廷する必要があるということです。また，外国の裁判における和解の手続においては，当事者が和解条項に署名することが成立の要件となっていることも多いのですが，日本の裁判離婚における和解の手続においては，当事者の署名は不要です。

## Ⅱ　日本での裁判の可否について──管轄の問題

渉外離婚事件について裁判を検討する場合，日本の弁護士としては，まず日本の家庭裁判所で管轄が認められる事件であるか否かを検討する必要があります。管轄を検討しなければならない「渉外離婚」には，外国人が結婚の当事者である場合の他に，日本人同士の結婚であっても，当事者の一方／双方が外国に住んでいる場合が含まれます。

管轄に関する考え方及び重要な判例法の詳細についてはQ1，Q2に譲りますが，本件では，新設された人事訴訟法3条の2第6号の，原告の住所が日本にあり，かつ，夫婦の最後の共通住所地が日本であった場合にあたるとして，日本の家庭裁判所に管轄があると主張することができます。

## Ⅲ　準拠法の問題

渉外離婚事件について裁判を検討する場合，当事者の一方あるいは双方の国籍が日本国籍でない場合は，準拠法がどこの国の法律になるのかを確認する必要があります。

準拠法に関する検討の詳細はQ1，Q3に譲りますが，外国法が適用法と

された場合の訴訟の進め方について簡単にコメントしておきます。人事訴訟法が準用する民事訴訟法上の建前としては，外国法を含む法律に関する調査は裁判所の職責事項です。しかし実際には，当事者代理人である弁護士にも適宜の調査を事実上求められるということも多く見られます。

　こうした場合に，外国法の調査の端緒としては，各国の家族法の日本語訳をある程度まとめて紹介している文献をあたるという方法があります。特に，中国法及び韓国法については日本語訳が充実しています。ただこうした日本語訳の外国法は，便利である反面，その後の改正を反映しているのかどうかの確認ができない場合があります。そうした場合の確認として，外国法の原典にあたることが望ましいといえます。

　外国法の原典の入手方法としては，最高裁判所図書館での検索という方法もありますが，近時のアクセスしやすい方法としては，インターネットで対象国（アメリカ等州ごとに法律が違う場合は対象の州）のホームページにアクセスし，対象国（あるいは地域）の国会図書館あるいは法務省のホームページを調べると，原典が表示してあることが多いです。こうした情報源は最新の法律が掲載してあるものとしての信頼性が高いということができるでしょう。

## Ⅳ　日本で裁判するのか，外国で裁判するのかの比較検討，選択

　以上のように，日本で裁判管轄が認められる場合であるということは，外国で当該事件について管轄が認められないということを意味しません。被告の居住する国ないし地域（以下「国等」といいます），あるいはケースによっては原被告が長い間婚姻生活を営んでいた国等においても，当該国等における管轄に関するルールに従えば，裁判管轄が認められる可能性は十分にあり得ます。

　そのように，複数の国等で裁判管轄が認められる場合に，どこで裁判をすれば依頼者のメリットが最も大きいのか，は可能な限り検討すべき問題です。すなわち，離婚の可否，離婚する場合の財産分与に関するルール，子がいる場合の親権の制度，裁判全体にかかるおおよその期間，送達手続にかかる

手順と期間は，各国によって大きく異なります。そうした点を前提にすると，得られる判決の内容，あるいは執行完了までの労力と時間についての見通しが，裁判を提起する国等により明らかに異なる場合があり，依頼者にとって特定の国等で裁判を提起することが明らかにメリットがあるという場合があるからです。

　例えば離婚という結論だけを欲しいということであれば，日本で判決を取れば，ほとんどの場合外国でも承認を受けることができると考えられます。そこで，よほど急ぐために外国送達（Q9）を行う時間がないような特殊な事例でなければ，日本で判決を得ることで，依頼者の目的を達することが可能といえるでしょう。しかし，離婚に加えて外国で執行することを要する附帯事項について依頼者の強い要望があるという場合には，日本で判決を取得した後の外国での執行の可否及び労力の見通しの観点から，慎重な検討が必要ということになります。

　日本の弁護士としては，日本で裁判を起こした場合の判決についての大まかな見通し及び執行を必要とする場合の大まかな時間の感覚について助言することはできます。しかし国内にいて，外国での判決内容や執行の見通しについて実務的に妥当な結論を調査することは，非現実的です。そこで，そうした場合には，外国の弁護士に意見を聴いてみることが実務的な感覚までをも確認できる点で一番安心できる方法です。

## Ⅴ　日本で裁判する場合の実務上の注意点

### (1)　送　　達

　当事者の一方が外国人である訴訟であっても，国内に所在することが明らかである場合の送達については，通常の人事訴訟の場合と変わりありません。一点，もし被告が所在不明であり，国内の公示送達（民訴110条）を考える場合には，裁判所から求められれば，被告が外国に出国していないかどうかを出入国在留管理庁に23条照会（弁護士法23条の2）して回答を裁判所に提出します。

62　第1章　離婚の手続

当事者の一方が外国人にしろ，日本人にしろ，国外に所在する場合には，外国送達の検討をしなければなりません。その詳細はＱ9に記載のとおりです。

### (2)　欠席裁判が見込まれる場合の対応

渉外離婚事件においては，被告が国外で応訴することの労力等の面から，訴訟手続に対応しない場合がかなり見受けられます。

こうした場合の原告の離婚の請求についてですが，人事訴訟法においては，Ｉに記載した法の趣旨から，人事訴訟法19条において民事訴訟法159条1項が適用除外とされ，自白擬制が行われません。ただ人事訴訟法では制度上，裁判所が判決をするのに十分と考える主張及び立証がなされていれば，第1回期日において，訴状陳述の他，必要な証拠調べ（場合によって人証調べ）を行って口頭弁論を終結することが可能です。実際にも，被告の不出頭の見込みが相当程度高い場合には，原告（代理人）がその旨を家裁に伝え，訴状に加え，原告の陳述書その他必要な証拠を提出し，第1回期日までに被告に対する送達が完了していれば，1回結審で判決の言渡しがなされる運用がされています。

このような原告（代理人）の訴訟活動によって，渉外離婚事件においても比較的当事者の負担を少なくして離婚判決を得ることは可能です。

### (3)　相手方が応訴する場合の相手方当事者の出頭の必要性

当事者が日本の弁護士を代理人に付ける場合，口頭弁論及び準備手続については代理人の出席で足ります。ただ，この場合でも，もし和解を成立させる場合は，原則として当事者本人双方の出席が必要となります。

当事者が代理人をつけず，外国に所在している場合，弁論準備手続において，電話会議の方法（民訴170条3項）で手続に出席することはできないと解されています。電話会議の方法での裁判期日の進行は，日本の国の裁判権の行使であるところ，外国においてわが国の裁判権を行使することは外国の主権侵害になると考えられているからです。

そのため，外国所在の当事者が代理人をつけず，しかも自ら出頭することもしない場合，原則として離婚訴訟手続における活動はできません。

諸外国の裁判所は国外当事者に対しても電話会議やスカイプで手続に参加させて手続を進行させる場合があることは，比較的知られています。そうした場合，国外当事者にはそうした遠隔的な方法で手続に参加するか否か，及び通訳を必要とするかについて選択する権利が保障されていることが多いようです。そのような裁判進行は，そうした外国裁判所に申し立てた当事者にはもちろん，日本国内において手続参加する当事者の負担を軽減することにも資しています。複数の実務家が指摘していることですが，日本の裁判所においても，同様の方法を採り入れる可能性について前向きな検討が行われるべきではないでしょうか。

### (4)　調停を前置していない場合

離婚の訴訟に関しては調停前置主義がとられています（家手257条1項）。そこで，例えば相手方が外国に所在しており，従前の経緯から調停に出席しないことが明らかである等のため，調停手続を経ずに離婚訴訟を提起しても，家庭裁判所は職権で手続を調停に付すことが原則です（同条2項）。

しかし，家庭裁判所は調停に付することが相当でないと認める時は，調停を前置していない離婚の訴えについて，調停に付さずに手続を進めることができます（同条2項ただし書）。

そこで，上記の例で，離婚訴訟を提起しても応訴もしないような場合であれば，家裁は調停に付さずにそのまま離婚判決を出すという取扱いもあります（松川正毅＝本間靖規＝西岡清一郎編『新基本法コンメンタール人事訴訟法・家事事件手続法』（別冊法セ225号）533頁〔岩田淳之〕参照）。

### (5)　必要書類について

人事訴訟については，添付書類として戸籍等一般的に必要な書類がありますが，その他に，渉外事件の場合，裁判所によっては次のような書類の提出を指示する場合があるようです。

戸籍に婚姻の届をしていない場合（日本法に基づく婚姻をしていない場合），離婚の前提問題として婚姻していることの立証をしなければなりませんので，その旨を証する外国の資料を取り寄せ，根拠規定となる外国法の原文を調査し，日本語の訳を添付して提出することになります。

特に子の親権を定める必要がある場合は，準拠法を決定するための資料として，子の国籍がわかる資料（子の戸籍謄本（全部事項証明書），外国人登録原票やパスポートの写し）が要求されることになります。戸籍に子の記載がなく，子に日本国籍がないことが疑われる場合，子が二重国籍である可能性もあるので，二重国籍の有無についても確認されることとなります。子の二重国籍の有無及びどこの国籍を保持しているかについては，職権探知事項なので，当事者は，大使館に照会した結果を記載した上申書等を提出することで足りるとされています。

### (6) 判決の効力発生の時期について

国内案件では，問題になることがほとんどありませんが，判決の効力発生についても，被告への送達が必要です。

したがって，外国送達が必要な事案では，判決取得後，当該判決を再度外国送達して，送達完了後に効力が発生することになります。そのため，当事者に対する事件の進行の見通しの説明として，判決の効力発生までに再度外国送達の期間がかかることを説明しておきましょう。

【淡川　佐保子】

# Q9

## 渉外離婚事件の裁判手続における送達・送付

私は日本人ですが，夫がフィリピンに帰ってしまったので，日本で離婚の裁判を起こそうと考えています。裁判書類を相手方に送る送達という制度があるそうですが，どのくらいの時間がかかるのですか。夫が所在不明の場合には送達はできないのでしょうか。

**A** 送達は，相手国によって具体的な方法が違い，それに従ってかかる時間も異なります。フィリピンであれば領事送達あるいは管轄裁判所送達という方法によって行われ，約半年かかります。相手方が所在不明の場合，公示送達という方法で送達を行うことはできますが，これによって得られた判決については国外での執行ができないので，例えば相手のフィリピンにある財産に慰謝料の執行がしたいといったような場合には不向きです。

● ● **解　説** ● ●

### Ⅰ　外国への裁判文書送達制度について

裁判文書の送達は，国家の裁判権の行使であるので，外国において日本の裁判所が日本法に基づく送達を行うことは，当該外国の国家主権を侵害しかねないとの評価を受けるおそれがあります。このことは送達する相手が外国人の場合でも日本人の場合でも同じです。

そこで，日本の裁判所が裁判文書を国外にいる当事者に送達する場合には，当該外国に送達を嘱託し，当該外国がそのルールに従って送達を実施することとなります。

そうした日本から外国に対する送達嘱託の根拠としては，多国間条約，二国間条約及びそうした条約の締結がない個々の国との間での司法共助の取決め，さらにそうした取決めもない国との間での個別の応諾ということになり

ます。

　日本が締結している多国間条約としては，ハーグ国際私法会議において採択された「民事訴訟手続に関する条約」(Convention of 1 March 1954 on civil procedure，以下「民訴条約」といいます）及びその特別法としての「民事又は商事に関する裁判上及び裁判外の文書の外国における送達及び告知に関する条約」(Convention of 15 November 1965 on the Service Abroad of Judicial and Extrajudicial Documents in Civil or Commercial Matters，以下「送達条約」といいます）があります。両方の条約の締結国に関しては，最高裁判所事務総局民事局監修『民事裁判資料第252号　国際民事事件手続ハンドブック』（法曹会，2013年。以下「ハンドブック」といいます）に見やすい表があります。また最新の状況を確認する場合には，ハーグ国際私法会議のウェブページ（https://www.hcch. net）を活用することもできます。

　日本が締結している二国間条約としては，いわゆる日米領事条約及び日英領事条約があります。

　個々の国との司法共助の取決めの有無及び内容の詳細についても，ハンドブックで詳細を確認することができます。

　このように，外国への送達においては，送達先の国ごとに，根拠となる規範が異なり，場合によっては複数の方法での送達が可能です。実際の送達事務は裁判所が行いますから，当事者代理人としては，そうした送達方法の詳細に精通する必要はありませんが，概要を把握しておくと，依頼者への説明や事案の進行に有用です。


## Ⅱ　日本の裁判書類を国外に送達する場合

### (1)　共助による送達

　共助による送達には，以下にあげる5種類があります。

　(a)　**領事送達**　　多国間条約，二国間条約及び二国間取決めでそのように定められている場合に認められる方法です。裁判所が外務省を通じて，該当国に駐在する日本大使館の領事等に，当事者への裁判文書の送達を嘱託する

ことができるという制度です。

　一般的には，他の方法による送達よりも短期間で完了するといわれています。送達に必要な平均的な期間については，ハンドブックに詳細な記載があります。また，送達にかかる費用を当事者が負担しなくてよいこと，受取人が日本語を解する場合には外国語訳の添付が不要になる点もメリットです。

　しかし，領事送達は，あくまでも任意の送達なので，当事者が受取りを拒否した場合に送達の効果は発生しませんから注意が必要です。

　(b)　**指定当局送達**　　民訴条約に基づく送達の方法です。

　(c)　**中央当局送達**　　送達条約に基づく送達の方法です。

　裁判所が日本の外務省を通じて，該当国の中央当局（多くは外務省）に，当該国で定める送達の方法等で送達をすることを嘱託する手続です。

　領事送達に比して時間がかかることが多い点，実務上必ず翻訳文の添付が必要となる点がデメリットですが，該当国の国内民事訴訟法が，相手方が受領の拒否をしても送達の効果を発生させる方法を定めていれば，相手方の受領拒否にかかわらず送達の効果が発生する点，原則として当事者が送達費用を負担するわけではない点でメリットがあります。

　(d)　**管轄裁判所送達**　　二国間の共助取決めあるいは個別の応諾がある場合に行われる方法です。

　裁判所が外務省を通じて，該当国の裁判所に送達を嘱託し，該当国において裁判所が送達を実施します。

　送達費用を当事者が負担する点，領事送達に比して時間がかかる点，翻訳文の添付が必要となる点がデメリットとなります。しかし，条約を締結していない国で，当該送達方法しか認めていない場合はこの送達方法によるしかありません。

　(e)　**民訴条約に基づく外交上の経路による送達**　　民訴条約上，外交上の経路による送達の宣言（同条約1条3項）をしている国に対してはこの方法によりますが，実務上ほとんどありません。

　(2)　**実務上の注意**

　このように，外国送達というのは特殊な送達です。各国に対する平均的な

送達の期間はまちまちですが，半年から１年程度かかることも珍しくはありません。

そのため，被告が応訴しないことが明らかに予想される場合は，１回の送達で１回結審してしまえるように，訴状提出の段階で，あるいは訴状の送達と同時に送達できるよう，訴状の送達までに必要な証拠をきちんと準備し，裁判所に提出することが肝要です。

また，上記のとおり，日本人あるいは流暢に日本語を解する当事者に対して領事送達を行う場合を除いて，ほとんどの場合に翻訳文の添付が必要となります。したがって常にも増して，翻訳費用の面からも，訴状も証拠も簡にして要を得ることが要請されます。

### (3) 送達場所届出の活用

逆に，被告が応訴することが予想される場合，あるいは応訴の有無がわからない場合は，原告としても通常の訴状に通常程度の証拠を付して外国送達を申し立てるしかない場合があります。

こうした場合であっても，被告が応訴のために日本で代理人を雇うのであれば，原告は当該代理人に送達場所届出（民訴104条）を提出してもらえれば，その後は当該代理人の国内住所に通常の国内送達をすれば足り，手続期間の大幅な短縮につながります。そこで，このように被告が代理人を雇うことが予想される場合には，原告としては送達の効果は発生しないにせよ，訴状を提出した旨（場合によっては訴状一式の写しも）を事実上被告に知らせて，送達場所届出の提出を促すという方法もあります。しかし，場合によっては，このような通知をすることで却って送達が困難になることもあり得るので，このような促しを行うことの適否は事案の経緯に従って慎重に検討すべきです。

なお，送達場所届出の場所に係る条文上の条件としては，日本国内に限るという点のみです。渉外離婚の場合，離婚そのもの及び条件について当事者に合意ができているが，有効性の観点から判決手続を選択する場合もあります。例えばフィリピンでは国内では離婚が認められませんが，外国において判決で認められた離婚については一定の要件のもとに承認するという制度になっており（Ｑ７），この点からフィリピン国籍の人を一方当事者とする離婚

については，当事者に争いがなくてもあえて判決手続を選択する場合があります。こうした場合には，在外の当事者も，より早く離婚判決を得るために一定の協力をしてくれることもあり，そうした場合には在外当事者の信頼できる日本国内の親族や知人の住所を送達場所届出によって送達場所として届け出るという方法を検討しても良いでしょう。ただし，こうした場合には，送達場所として届ける知人・親族の協力が確実に得られるかを確認することが大事です。

### (4) 期日の指定

このように，外国への送達は時間がかかり，場合によっては平均的な送達期間の間に送達が完了しないこともあります。

そのため，初回期日は，平均的送達期間よりも余裕をもった時期に指定されることが一般的です。さらに，裁判所においては，外国送達の事件に関しては，まとめて数回期日を指定することもあります。

### (5) 外国公示送達

(a) 要　件　　下記(ア)～(エ)の要件を満たす場合には，当事者の申立てにより，公示送達が行われます（民訴110条1項柱書）。

外国公示送達の場合は，公示送達のために掲示が開始された日から6週間を経過することによって，公示送達の効果が発生します（民訴112条2項）。

(ア) 被告の住所，居所その他送達をすべき場所が国外にあることは確実であるが，その場所がわからない場合（民訴110条1項1号）　　出入国在留管理庁に対して，弁護士法23条の2による照会を行うと，外国人が国外に出たか否かを確認できます。当該照会結果によると，外国に出国したことは確かであるが，その国外における所在の調査が不能である場合，本要件に該当することになります。

なお，外国人については，外国人登録原票が作成されている場合，同原票に本国における住所が記載されています。東京家裁では，国外にいる外国人に対する所在不明を理由とする公示送達を申し立てる際には，同住所に送達ができなかったことを証する資料の提出を求めているとのことです。同原票が作成されていない外国人の場合，原告が資料により主張する外国の最後の

70 第1章 離婚の手続

住所に宛てた送達ができないことを証する資料の提出を求められることになると考えられます（青木晋編著『人事訴訟の審理の実情』58頁）。当該資料としては，配達証明付きの私的な当該住所への郵便（FedEx又はEMS）が届かなかった旨の上申書及び配達報告で足ります。当該資料の提出がない場合には，最後の住所地が判明している限りその住所地に宛てた外国送達をしています（東京家庭裁判所家事第6部編著 『東京家庭裁判所における人事訴訟の審理の実情〔第3版〕』55頁）。

　(イ)　民事訴訟法108条の方法による外国送達ができない場合（民訴110条1項3号前段）　　送達先の外国との間に，多国間条約も，二国間条約も，個別の司法共助の取決めもなく，さらにそうした司法共助の取決めもない場合における個別の応諾も得られなかったために，(1)であげた5種類の送達のいずれの方法も実施できない場合です。なお，実務上個別の応諾の不能まで要求するかどうかは裁判所の判断になります。

　この点，中華民国，及び朝鮮民主主義人民共和国の場合は，日本と国交がないので，当然，多国間条約も，二国間条約も，個別の司法共助もありません。さらに，こうした国交のない国に対しては，外交上の経路を通じて国際司法共助を要請することがそもそもできませんので，個別の応諾が得られるように要請することができません。そのため，これらの国において送達を実施すべき場合については常に同条の要件を満たし，公示送達によらざるを得ないとされています。

　領事送達の方法で送達を試みたが，相手方が受領を拒否する等して送達が完了しなかった場合に，指定当局送達や中央当局送達の方法が可能である場合は，本号の要件を満たさないと考えられます。このような場合には，相手国が領事送達も指定当局送達／中央当局送達も認める民訴条約ないし送達条約に加盟している場合が考えられます。こうした場合の事例として，福岡高裁那覇支部平成21年5月29日決定（判タ1307号302頁）があります。同事例は，アメリカ合衆国在住者を被告として領事送達を行ったが，被告の不在又は事業閉鎖を理由として送達が不奏功であった事案において，領事送達がいわば簡易な送達手続であり，なお中央当局送達が可能であることを理由として公

示送達の申立てを却下したものです。

　(ウ)　民事訴訟法108条の方法による外国送達によっても送達ができない場合（民訴110条１項３号後段）　　制度上，多国間条約／二国間条約／司法共助の取決め／個別の応諾があるとしても，例えば当該外国に天変地異，戦乱，革命等が起こり，送達先が戦闘地域内にある場合等，送達不能が見込まれる場合，及び外国に送達を行ったが何らかの理由で送達できず，再度の送達嘱託をしても送達ができる見込みがない場合等に適用されます。

　(エ)　民事訴訟法108条により外国の管轄官庁に嘱託を発した後６か月を経過してもその送達を証する書面の送付がない場合（民訴110条１項４号）

　外国における送達の著しい遅滞の場合に適用される条文であり，特別法としての特例法28条の適用の場合と，その他の場合を含みます。

　外国送達は上記のような経路で実施されるので，時間がかかるのは致し方ないところですが，外国によっては，当該国の中で送達を行うことに関して６か月以上の期間を要する例があり，これでは迅速な裁判ができないことになるため，極端な場合には送達ができない場合と同視して公示送達の申立てが許されたものです。

　（エの１）　送達条約15条２項の要件が満たされた場合（特例法28条）　　特例法28条は，訴訟手続を開始する文書又はこれに類する文書が，①送達条約に定めるいずれかの方法によって転達されたこと，②転達の日から，当該件を担当する裁判所が適切と考える６か月以上の期間が経過したこと，③すべての妥当な努力にもかかわらず，受託国の権限ある機関から何らの送達証明書の入手ができないこと，の３条件を満たした場合には，公示送達ができると定めています。

　条文上明らかなとおり，６か月の算定の始期は「転達」の日，すなわち送達条約による中央当局送達の場合，最高裁判所が発送した時，領事送達の場合は外務省が発した時となります（菊井維大＝村松俊夫原著『コンメンタール民事訴訟法(2)〔第２版〕』418頁）。なお，文言解釈上は中央当局送達の場合には，外務省が発送した日を「転達」の日と解釈する余地もあり，実務上は起算日を家裁と相談しながらになります。

（エの２）　送達条約締結国以外の国における送達の場合　　民訴条約だけ
を締結している国，司法共助あるいは個別の応諾による対応しかない国
への送達の場合がこれにあたります。

　　これらの国における６か月の算定における始期も，転達の時となりま
す。


　なお，同一の当事者に対して２回目以降の公示送達は民事訴訟法110条１
項４号の場合（前掲(エ)の場合）を除いて，職権で行われます（民訴110条３項）。

　(b)　**効　果**　　公示送達がされた書類に記載された意思表示が被告に到
達したものとみなされます。

　人事訴訟においては，公示送達によって開始した訴訟について，被告欠席
の場合に，Ｑ８に詳述したように，公示送達された訴状等及び証拠に基づい
て，裁判官が判決を行い，当該判決時点でも上記要件を満たす場合，民事訴
訟法110条３項に基づいて判決についても公示送達されることになります。

　２度目以降の民事訴訟法110条３項に基づく公示送達の場合，公示送達の
効力は民事訴訟法112条１項ただし書に基づいて掲示を始めた日の翌日に発
生することとなります（菊井＝村松・前掲423頁）。

　(c)　**公示送達による判決を回避したい場合**　　日本国内では，公示送達に
よる判決に基づいて強制執行できますが，国外で，公示送達による判決につ
いて承認を受け，強制執行することは，一般的に難しいとされています。

　そこで，当事者が，外国での執行を予定している判決について公示送達を
回避したいという要望をもっていることがあります。そうした場合に，原告
が被告に対して事実上連絡がとれることがあります。具体的には，被告の住
所は判明しているものの，外国送達ができない国に居住している場合，被告
が住所は教えてくれないものの，Ｅメールや，私書箱等で事実上の連絡だけ
はとれる場合等です。

　こうした場合には，訴訟を提起して公示送達の申立てを行い，そうした手
続をとったことについて，事実上連絡することによって被告の応訴を期待す
る方法が考えられます。中華民国にいる被告に対して公示送達を行う場合に

は，裁判所によっては，そのような通知を裁判所自身が普通郵便で行うこともあるようです。

## Ⅲ 国外の裁判書類が日本に送達されてくる場合の対応

これについては，Q13で詳述します。

## Ⅳ 調停・審判事件における「送付」

家事調停及び審判事件においては，申立書は相手方に「送付」の方法で渡されます（家手67条1項・256条1項）。さらに，手続の円滑な進行を妨げるおそれがあると認められるときは，調停あるいは審判の申立てがあったことを通知することをもって，申立書の写しの送付に代えることが認められています（各同項ただし書）。すなわち，「送達」の方法による必要はありません。

また家事事件（調停及び審判）の期日の呼出しは，「呼出状の送達……その他相当と認める方法」によってなされます（家手34条4項，民訴94条1項）。「相当と認める方法」とは，いわゆる簡易呼出しであり，実務上認められている方法としては，第一種郵便物（通常の封書），通常はがき，電話等があげられており，具体的事件に応じて適切な方法を選択すればよいとされています（菊井＝村松・前掲313頁）。

審判の告知は「相当と認める方法」でなされます（家手74条1項）。具体的には，言渡し，書記官による交付送達，執行官・郵便業務従事者・廷吏による交付送達，公示送達，普通郵便に付する送達，請書による直接交付などの中から選択されることになります（松川正毅＝本間靖規＝西岡清一郎編『新基本法コンメンタール人事訴訟法・家事事件手続法』（別冊法セ225号）226頁〔川嶋四郎〕参照）。

以上より，調停及び審判事件においては，書類は必ずしも送達の方法で相手方に渡されなくても，裁判所が適法と考える方法によって相手方に渡されれば，手続は開始し，終了します。

そこで，制度上は，調停でも審判でも，送達先の外国が民訴条約又は送達

条約の締結国で，直接郵便による送達の方法について拒否の宣言（民訴条約6条1項，送達条約10条(a)）をしていない場合には，直接郵便による送達をすることも可能です。

　また，調停事件の場合は，事件の進行及び成立に相手方の出席が必要ですので，申立て時に裁判所から，相手方へ事実上出席の意向確認をするように指示をされる場合があります。そうした際に，申立人側が，相手方に対して調停事件の係属，申立ての趣旨，調停期日を事実上連絡することで，事実上期日の呼出しがなされたものとされることもあります。理論構成は現在のところはっきりとはしませんが，特に渉外調停事件において，期日が決まっている場合に，相手方に出席の意向がある場合にまで厳格に書類の送付を求めることは「手続の円滑な進行を妨げるおそれがある」（家手256条1項ただし書）と構成されているのかもしれません。

　これに対して，外国に居住する相手方に対する審判事件の場合は，非訟事件といえども，裁判所の裁判によって相手方の権利義務を発生／変更／消滅させます。そこで，相手方の手続保証の観点から，申立書は外国送達の方法によることを裁判所に指示されるのが通例です。申立人としても，審判を得た後，外国での承認・執行を念頭に置いている場合は，仮に裁判所が送達によらずともかまわないと考えているようであっても，審判書きを含めて，正式に外国送達を希望する旨を積極的に申し出ることが必要と考えられます。

【淡川　佐保子】

Q10　渉外離婚事件の裁判手続における立証　75

# Q10

## 渉外離婚事件の裁判手続における立証

　私と夫はカナダ国籍で，カナダで結婚しました。その後，10年前に日本に移住しましたが，5年ほど前から夫婦関係が悪くなり，離婚を考え始めました。離婚について夫と直接話し合いましたが，結論が出ないので調停を申し立てたものの，夫が離婚に同意せず不成立となりました。離婚したいという気持ちは変わらないので，日本の裁判所に離婚訴訟を提起したいと考えています。離婚訴訟で立証しなければならないことや，立証の方法について教えてください。

**A**　夫婦ともにカナダ国籍の場合，離婚の準拠法はカナダ法となります。訴訟において，法の適用解釈は裁判所の職責とされていますが，外国法の場合，裁判所がその内容や解釈等を知っているとは限りませんし，外国法の内容について争いになることもありますので，必要に応じて，法令や判例等を調査して，立証することになります。

　離婚原因や財産分与の対象財産等について立証するにあたり，外国語の資料を証拠として提出する場合には，翻訳文を添付します。

　また，外国の裁判では，国によっては証人があまり制限されないこともあるようですが，日本の離婚訴訟では，当事者以外の証人の尋問は，必要性がある場合に限られます。

● ● 　解　　説　 ● ●

## Ⅰ　外国法の立証

### (1)　外国法の主張立証

　日本の裁判所に国際裁判管轄があり，日本の裁判所で離婚訴訟をすることができる場合であっても，当事者の国籍などによっては，準拠法が外国法と

なる場合があります。

　法の適用解釈は裁判所の職責であるとされていますが，当該事件の準拠法が外国法である場合，裁判所がその外国法の内容や解釈等を把握しているとは限りません。そのため，実際には，当事者が外国法の内容を調査した上で，外国法の内容を主張し，根拠となる資料を証拠として提出する必要があります。

　外国法の法令の文言が抽象的である場合や，具体的な事実に法令がどのように適用されるのか法令の文言から明らかでない場合などには，外国法の解釈が争いになることがあります。そのような場合には，法令の解釈や判例等についても調査して，外国法の解釈について主張，立証する必要があります。

### (2)　外国法の調査

　外国法について調査をするときには，まず，日本の図書館や書店で入手することができる文献を探すことから始めることが一般的でしょう。外国法によっては，日本語で書かれた解説書などがあることもありますが，日本語で書かれた資料を見つけることができない場合もあります。また，日本語で書かれた資料は，法改正に対応していないことや，最新の情報に関する記載がないことがあります。

　そのような場合，各国の公的機関のホームページで法令や判例を参照できることがあります。各国の公的機関のホームページには更新された情報が掲載されていることが多く，参考になります。

### (3)　外国法の立証手続

　外国法の調査結果は，必要に応じて書面で主張するとともに，根拠となる資料を証拠として提出して立証します。外国語の資料には，翻訳文を添付します。

## Ⅱ　書証の収集と提出

### (1)　婚姻関係にあることを証明する資料

　離婚訴訟の訴状には，当事者が婚姻関係にあることを証明する資料を添付

します。日本人の場合には戸籍の記載事項証明書に当たる資料です。結婚証明書を発行している国など，婚姻関係にあることを証明する資料は，国によって異なります。

　当事者が婚姻関係にあることの証明資料は，国によっては，日本にある各国の大使館や領事館等で入手できる場合があります。また，各国の大使館などのホームページには，婚姻関係にあることの証明資料を取得する方法に関する詳細な情報が掲載されていることがあります。

　婚姻関係にあることの証明資料を訴状に添付するとき，外国語の資料は翻訳文を添付します。

### (2)　書証の提出

　離婚訴訟では，離婚原因があることを示す資料や，財産分与の対象財産の内容を示す資料等，様々な資料を証拠として提出する場合があります。外国語の資料を提出する場合には，翻訳文を添付しますが，翻訳には費用と時間がかかることを念頭に置いて準備を進めることになります。

　財産関係の資料については，準拠法が外国法の場合，財産分与の基準時が日本法と異なることがありますので，外国法を調査して，いつの時点における資料が必要であるのか確認します。外国から資料を取り寄せる場合には手続に時間がかかることを見込んで準備を進めます。

### (3)　陳 述 書

　日本語を読んで理解することができる外国人の陳述書は，日本語で作成して署名し，印鑑がある場合には押印してもらいます。日本語が読めない外国人の陳述書は，外国語で作成して署名し，印鑑がある場合には押印してもらい，翻訳文を添付します。

## Ⅲ　証 人 尋 問

### (1)　証人の採用

　日本の離婚訴訟の証人尋問手続では，当事者以外の証人尋問は，必要性がある場合に限って採用されます。諸外国の離婚裁判では，証人の制限があま

りない場合もあり，当事者が大勢の人に証言してもらうことを期待して準備を始めていることがあります。事前に，日本の離婚訴訟の証人尋問では，当事者しか証人として採用されない場合が多いことを理解してもらう必要があります。

当事者以外の人の言い分を裁判所に伝えたい場合には，陳述書を作成して提出する方法も考えられます。

#### (2) 外国にいる当事者の尋問

当事者が外国に帰ってしまったなどの事情により日本国内にいない場合には，当事者の尋問の日程を確保することが難しくなります。当事者が帰国を予定しているときや，外国にいる当事者が来日する予定があるときには，尋問を希望する日程を裁判所に予め連絡することにより，柔軟に日程を調整してもらえることがあります。

#### (3) 通訳が必要な場合

当事者が日本語を話せない場合や日本語に不安がある場合には，尋問の時に通訳を介することになります。通訳人は裁判所が選任し，通訳人の費用は裁判所に予納します。通訳を介すると，少なくとも通訳をしている時間の分は尋問の時間が長くかかります。証人尋問の申出をするときには，通訳の時間を考慮して，尋問に要する時間を設定します。

【今井　明日香】

# Q11

## 渉外離婚事件における ADR の活用

　私は日本人で，アメリカ人の夫と5年前に日本で結婚し，夫との間に4歳の子がいるのですが，離婚したいと思っています。夫は，私と別れることはしかたがないと言っていますが，日本の離婚手続についてよくわからないため，離婚したら子に会えなくなるなど，自分に不利な条件で離婚させられてしまうことを心配して，離婚に応じることを躊躇しています。裁判所以外で，ADR という手続を利用して夫との話合いを進められると聞いたのですが，どのような機関がどのように手続をしてくれるのですか。

**A**　弁護士会が運営している紛争解決センターなどの裁判外紛争解決手続（ADR）機関を利用する方法があります。弁護士会が運営している紛争解決センターでは，弁護士などが間に入って当事者から話を聴き，できる限り双方が納得のいく解決を目指しており，協議が進展する可能性があります。ADR では，外国語を使用することができる人を間に入る人として選べる場合があります。また，厳格なルールに拘束されずに手続を進めることができますので，期日の入れ方などについて柔軟な対応が可能なこともあります。ただし，ADR を利用して協議離婚が成立しても，外国では，その協議離婚が承認されず，離婚の効力が認められない可能性がありますので，注意が必要です。

● ● 解　　説 ● ●

### Ⅰ　裁判外紛争解決手続機関

#### (1)　ADR の概要

　日本の離婚手続には，協議離婚，調停離婚，判決離婚等があります。当事者間で協議して離婚や未成年子の親権について合意することができれば，裁

判所が関与しない協議離婚をすることができますが，当事者間の話合いによる解決が困難な場合には，裁判所を利用した手続である調停を申し立てることが一般的です。

しかし，当事者が外国人である場合，話合いの場として日本の裁判所を利用することを希望しない人もいます。また，裁判所の調停は，期日を入れることができる日が限られているため，事件を短期間で解決することは難しいことが多く，海外にいる当事者が調停に出席する場合には，来日して出席することになります。

これに対して，ADR を利用すると，厳格なルールに拘束されないので，例えば期日を集中的に入れて早期解決を目指したり，終日，夜間，土日に期日を入れたり，ビデオ通話を使用して協議したりするなど，柔軟な対応が可能な場合があります。また，現在，家庭裁判所の調停委員には日本人のみが選任されていますが，ADR では，外国人や子に関する専門家，弁護士などが間に入って解決を提案することにより，話合いが進展することが期待でき，柔軟な対応が求められている事案においては，ADR を利用することも選択肢の1つとなります。

離婚の ADR を取り扱っている裁判外紛争解決手続機関として，弁護士会が運営している紛争解決センター（「紛争解決センター」のほかに，「示談あっせんセンター」，「仲裁センター」などと呼ばれていますが，以下では，「紛争解決センター」といいます）等があります。紛争解決センターは，すべての弁護士会が運営しているものではありません。弁護士会が運営している全国の紛争解決センターの一覧は，日本弁護士連合会のホームページに掲載されています。

紛争解決センターにおける事件の申立件数，事件の解決状況，相手方の応諾率，平均審理回数については，日本弁護士連合会が発行している仲裁ADR 統計年報に詳細な情報が掲載されており，ADR の利用状況等について確認することができます。仲裁 ADR 統計年報は，日本弁護士連合会のホームページに掲載されています。

なお，以下の記載は，主に弁護士会が運営する紛争解決センターに関するものですが，紛争解決センター以外にも，離婚の ADR を取り扱っている裁

判外紛争解決手続機関はあります。

### (2) 紛争解決の流れ

各弁護士会が運営している紛争解決センターでは，主に次のような流れで紛争解決手続が行われます。

まず，紛争解決センターに紛争解決の申立書等を提出します。申立てに関係する資料がある場合には，申立書に添付します。各紛争解決センターのホームページには，申立書の書式や記載例が掲載されていることがあります。裁判所と異なり，紛争解決センターには管轄がないので，当事者は都合のよい紛争解決センターを選択して利用することができます。申立て前に，紛争の相手方が紛争解決センターを利用することについて同意している必要はありませんが，相手方に対して事前に紛争解決センターを利用することを伝えてあると，手続が円滑に進みやすくなる場合があります。

申立てが受理されると，間に入る人が選任されます。相手方には，紛争解決の申立てがあった旨の通知が送られ，相手方が応諾すると，期日が開かれます。期日の回数は事案によって異なりますが，速やかな解決が目指されます。期日では，間に入る人が当事者双方の言い分を聞き，問題点を整理しながら，話合いが進められます。間に入る人から解決案を示されることもあります。

話合いの結果，当事者が合意にいたると，和解契約書などが作成されます。

### (3) ADRの費用

ADRの費用は各紛争解決センターにより異なりますが，申立手数料，期日手数料，成立手数料がかかることが多いようです。申立てはしたものの，相手方が応諾しなかった場合の申立手数料の取扱いも，紛争解決センターにより異なります。

費用の詳細（金額，支払時期等）については，各紛争解決センターに問い合わせてください。なお，各紛争解決センターのホームページに費用に関する説明が掲載されていることがあり，参考になります。

## Ⅱ ADR を利用するメリット

### (1) 中立的な第三者の関与

　弁護士会の紛争解決センターでは，弁護士などが間に入って，紛争の解決を目指します。そのため，当事者は，裁判所の手続を利用することなく，法律の専門家などに問題点を整理してもらい，説明を受けたり，意見を聞いたりすることができます。中立的な第三者が双方の言い分を聴いて解決を提案することにより，当事者間では進まなかった協議が進展することが期待されます。

### (2) 柔軟な対応

　(a)　**外国語の使用**　紛争解決センターによっては，外国語を使用することができる弁護士を間に入る人として選べることがあります。

　当事者が，日本語が得意ではない外国人である場合，当事者の理解できる言葉で期日を進行することにより，当事者が手続に対して不信感を抱くおそれが少なくなります。また，中立的な立場の人から，外国語で日本の離婚制度について説明を受けることにより，不安が解消されて，協議が進展することが期待されます。

　(b)　**期日に関する対応**　ADR では，期日を集中的に入れたり，終日，夜間，土日に入れたりすることができる場合があり，裁判所の手続を利用した場合と比較して，短期間で紛争を解決することができる可能性があります。また，柔軟な期日調整により，相手方の協力を得やすくなることも期待されます。

　期日においても，当事者の一方が外国にいる場合には，ビデオ通話を使用した話合いができることなどもあり，当事者の状況に応じた柔軟な方法で対応してもらえる場合があります。

　(c)　**手続が容易**　ADR は，裁判所の手続のような厳格なルールはないため，申立てが容易です。また，ADR に応じる相手方も手続上の負担が少ないといえます。

## Ⅲ 依頼者に説明する際の注意点

### (1) 相手方の応諾

ADR は，相手方に応諾するように強制することができません。そのため，相手方が応諾しない場合には，手続を進めることができません。また，相手方が応諾しても，合意に至ることができず，紛争が解決しない場合もあります。これらの点は，事前に理解しておく必要があります。

### (2) 費　　用

ADR の費用は紛争解決センターによって異なりますが，裁判所の手続を利用した場合と比べて高額になることがあります。成立手数料など，申立後に費用が発生することもあります。ADR を利用する場合には，ADR を利用した場合の費用と裁判所の手続を利用した場合の費用やその支払時期について，申立前に理解しておく必要があります。

### (3) 履行の確保

ADR の手続内で作成する和解契約書などは，公正証書や裁判所の調停調書，確定判決のように強制執行をすることができる債務名義ではありません。当事者間で取り決めた内容の履行を確保したい場合には，当初からADR ではなく，裁判所の調停手続を利用することも検討するべきです。また，ADR の中で合意した内容について公正証書を作成することや，債務名義を得るために裁判所の手続に協力する旨の合意をする方法も考えられます。

### (4) 離婚の効力

ADR で離婚の合意ができ，和解契約書を作成したとしても，それだけでは，離婚は成立したことにはならず，別途，協議離婚の届出をしたり，改めて裁判所で調停離婚等の手続をする必要があります。この点，諸外国では，協議離婚が認められていないことが多く，仮に ADR で協議離婚が成立しても，外国ではその協議離婚が承認されない可能性があります。

外国でも離婚の効力が認められることを望む場合には，ADR を利用して争点を整理し，解決の道筋をつけた上で，裁判手続を利用して離婚する旨の合意をする方法なども考えられます。

84　第1章　離婚の手続

### (5) 相手方としての対応

　渉外離婚の ADR を申し立てられた場合には，ADR のメリットやデメリット，手続の流れ，ADR は応諾しないこともできること，応諾した場合には，申立人だけでなく相手方が負担する費用がある場合もあることなどを理解した上で，ADR に応諾するか否か判断することになります。

　なお，これまでの ADR に関する解説は，主に弁護士会が運営する紛争解決センターに関するものです。他の機関の ADR については，各裁判外紛争解決手続機関に問い合わせて確認してください。

**【今井　明日香】**

# Q12

## 日本の離婚制度と諸外国の離婚制度の違い ——離婚原因・手続・その他

　私は，日本人の夫と結婚している日本在住の韓国人です。夫との間には10歳の子が１人います。先日，突然，夫から離婚したいと言われました。私としては，夫から離婚される理由は何もないと思っていますし，離婚はしたくないのですが，夫は浮気しているようなので私と離婚したいのかもしれません。日本の離婚制度についてはよくわからないので，今後，どうなるのか不安です。日本の離婚制度には，どのような特徴があるのでしょうか。

**A**　日本の離婚制度の特徴の１つに，離婚の手続として，裁判所が関与する裁判離婚や調停離婚のほかに，裁判所が関与せずに，夫婦が離婚の合意をして離婚届を役所に提出する協議離婚の方法が認められていることがあります。

　また，日本法では，裁判上の離婚原因として，民法770条１項に，①不貞行為，②悪意の遺棄，③３年以上の生死不明，④回復の見込みがない強度の精神病，⑤その他婚姻を継続し難い重大な事由が定められています。また裁判実務上，離婚の原因を作った配偶者側からの離婚請求については，限られた場合にしか離婚が認められません。

● ● 　解　　説　 ● ●

### Ⅰ　日本の離婚制度の特徴

　日本の離婚手続には，協議離婚，調停離婚，審判離婚，和解離婚，認諾離婚，判決離婚があります。これらの離婚手続のうち，夫婦が離婚と未成年の子がいる場合には未成年の子の親権に関する合意をして，役所に離婚届を提出する裁判所が関与しない協議離婚が認められていることは，日本の離婚制

86　第1章　離婚の手続

度の特徴の1つといえます。日本における離婚のうち，協議離婚は約9割を占めます（厚生労働省の平成29年人口動態統計によれば，同年の協議離婚の割合は87.2％です）。諸外国においては，夫婦の合意のみに基づく協議離婚が認められる国は少なく，離婚手続には裁判所の関与を要する国が多いです。

　また，日本法の裁判上の離婚原因は民法770条1項に定められており，婚姻の破綻が離婚原因とされているものの，裁判離婚においては，有責配偶者からの離婚請求は限定的に認められるにすぎず，制限されています。これに対して，諸外国では離婚請求をした配偶者の有責性にかかわらず，婚姻が破綻していれば離婚を認める場合があり，一定の別居期間が経過していれば，婚姻が破綻していると認定する国もあります。日本法の離婚制度について外国人に説明するときには，日本とは異なる諸外国の離婚法制に馴染みがある可能性を考慮して説明する必要があります。

　日本の離婚訴訟では，離婚原因の有無の認定に当たり有責性が問題となる場合があります。また，離婚訴訟において慰謝料が請求された場合には，有責性が審理の対象となります。有責性の主張立証や反論は，当事者に大きな精神的な負担をもたらすことがあります。


## Ⅱ　離 婚 手 続

### (1)　離婚手続の種類

　日本の離婚手続には，裁判所が関与する調停離婚，判決離婚等のほかに，夫婦が協議して離婚する協議離婚があります。

　当事者間で離婚や離婚の条件について合意ができる場合には協議離婚手続によることが多く，協議離婚は日本の離婚の9割近くを占めます。当事者間で合意できない場合には裁判所で調停をして，調停を経ても合意できない場合には離婚訴訟を提起することが一般的であり，審判離婚は限られた場合にしか利用されていません。

### (2)　協議離婚

　日本では，協議離婚による離婚が圧倒的に多く，裁判所が関与する手続を

利用するのは，相手方が離婚に応じない場合や，離婚の条件について当事者間で協議がまとまらない場合などであり，裁判所が関与しない手続で離婚できることが当然と考えられているかもしれません。

しかし，諸外国では裁判所の関与なく離婚が成立する国はむしろ少なく，外国人の当事者は，協議離婚のイメージがもてず，適切な質問をすることができないことが考えられます。

外国人に協議離婚手続の説明をする場合には，当事者が離婚について合意し，役所に離婚届を提出すれば離婚できることのほかに，未成年の子がいるときには，子の親権については夫婦で合意できていなければならず，離婚届には夫と妻どちらが親権者となるか記載する欄があることなどについても説明しておきます。また，子の養育費，面会交流，財産分与等については，合意できていなくても協議離婚はでき，仮に合意しても，合意内容が自動的に公的な資料に残るものではないことも説明します。養育費，面会交流，財産分与等の履行を確保したい場合には，調停手続を利用して合意内容を調停調書に残す方法などを検討します。

渉外離婚の場合，日本で協議離婚により離婚することができるのは，離婚の準拠法が協議離婚を認めている場合です。ただし，離婚の準拠法が外国法で，協議離婚が認められている場合であっても，日本の協議離婚の効力が当該外国で認められるとは限らず，当該外国が定める一定の手続を要する場合などがあります。離婚手続の選択にあたっては，事前に，準拠法と当該外国の離婚手続を確認する必要があります。

### (3) 協議離婚や調停離婚の外国における効力

以上に述べたとおり，日本では，当事者の合意に基づく協議離婚や調停離婚が多くを占めています。これらの当事者の合意に基づく離婚が，裁判離婚しか認めていない国で効力を有するのか問題となります。

日本の離婚の外国における効力について確認したい場合には，離婚の効力が問題となる外国の資格を有する弁護士に問い合わせることが確実です。調停離婚については，調停調書に「確定判決と同一の効力がある。」という条項を入れることにより，外国で承認される場合がありますが，外国における

効力が不確かなときには，より確実な，審判離婚や判決離婚の方法をとることも検討します。

## Ⅲ　離婚原因

### (1)　日本法の裁判上の離婚原因

　日本法では，裁判上の離婚原因として，民法770条1項に，不貞行為（同項1号），②悪意の遺棄（同項2号），③3年以上の生死不明（同項3号），④回復の見込みがない強度の精神病（同項4号），⑤その他婚姻を継続し難い重大な事由（同項5号）が定められています。

　(a)　**不貞行為**（民770条1項1号）　「不貞な行為」とは「配偶者ある者が，自由な意思にもとづいて，配偶者以外の者と性的関係を結ぶこと」をいいます（最判昭48・11・15民集27巻10号1323頁）。性的関係は恋愛に基づく場合に限られず，買売春や強制性交等も含みます。

　不貞行為を立証するためには，性的関係があった事実を証明しなければなりません。立証する資料としては，写真，メール，録音データ等さまざまなものが使用されますが，性的関係の存在が明らかな資料がある場合や不貞行為の相手との間に子供ができた場合など，不貞行為があったことが明らかな場合を除き，立証は容易ではありません。

　(b)　**悪意の遺棄**（民770条1項2号）　「遺棄」とは，民法752条に定められた「夫婦は同居し，互いに協力し扶助しなければならない」とする義務に違反することをいいます。「悪意」とは，遺棄の事実を知っているだけでは足りず，遺棄の事実を認容する意思まで必要です。

　なお，離婚の国際裁判管轄については，平成30年法律第20号（人事訴訟法等の一部を改正する法律）が平成31年4月1日に施行され，その夫婦の最後の共通の住所が日本国内にあり，かつ，原告の住所が日本国内にあるときには，日本の裁判所で裁判をすることができるものとされました（改正後の人訴3条の2第6号）。例えば，日本で婚姻生活を送っていた夫婦の一方が外国に転居して他方を遺棄し，日本にいる原告が外国にいる被告に対して日本の裁判所

に離婚訴訟を提起したような場合には，日本の裁判所に国際裁判管轄が認められることになります。

(c) **3年以上の生死不明**（民770条1項3号）　配偶者の生死が3年以上明らかでないときには，離婚を請求することができます。

配偶者の生死が，7年以上明らかでないときには，失踪宣告（民30条）を得て婚姻を解消する方法も考えられます。しかし，失踪宣告により婚姻を解消した場合には，後日，配偶者が生存していることが判明して失踪宣告が取り消されると，婚姻が解消された効果もなくなります。民法770条1項3号を原因として離婚した場合には，配偶者が生存していることが判明しても，離婚の効果は解消されません。

なお，平成30年法律第20号（人事訴訟法等の一部を改正する法律）では，原告の住所が日本国内にあり，かつ，被告が行方不明であるときなど，日本の裁判所が審理・裁判をすることが当事者間の衡平を図り，又は適正かつ迅速な審理の実現を確保することとなる特別な事情があるときには，日本の裁判所で裁判をすることができるものとされています（改正後の人訴3条の2第7号）。

(d) **回復の見込みがない強度の精神病**（民770条1項4号）　強度の精神病とは，民法752条に定められた「夫婦は同居し，互いに協力し扶助しなければならない」とする義務を履行することができない程度の精神病をいいます。そして，このような強度の精神病が，法的に回復の見込みがないと判断されることが必要です。

ただし，最高裁は，回復の見込みがない強度の精神病に当たるといえる場合であっても，諸般の事情を考慮し，病者の今後の療養，生活等についてできる限りの具体的方途を講じ，ある程度，前途にその方途の見込みのついた上でなければ，直ちに婚姻関係を廃絶することは不相当であるとし（最判昭33・7・25民集12巻12号1823頁），民法770条1項4号による離婚請求を制限しています。

(e) **その他婚姻を継続し難い重大な事由**（民770条1項5号）　本号に該当するのは，婚姻が破綻している場合です。婚姻の破綻とは，夫婦が婚姻継続の意思を失っており，婚姻共同生活を回復する見込みが客観的にないといえ

90　第1章　離婚の手続

る状態をいいます。

　配偶者による暴力，虐待，犯罪，性格の不一致，異常な性生活，宗教活動，民法770条1項4号には該当しない精神病，親族との不和等が本号で問題となり得ます。

　婚姻が破綻した原因によっては，別居期間が破綻の有無を判断する要素の1つとなります。しかし，日本法には，婚姻が破綻したと認定される具体的な別居期間が定められていません。これに対して，諸外国では，一定の別居期間が経過すると婚姻が破綻していると認定され，離婚請求が認められる外国法もあります。そのため，日本人でも誤解していることがありますが，特に外国人の場合には，一定の期間別居が継続していれば，問題なく離婚請求が認められると考えていることがありますので，説明の際には留意する必要があります。

### (2)　有責配偶者からの離婚請求

　(a)　**有責配偶者からの離婚請求**　　日本の最高裁判所は，婚姻破綻の原因が離婚を請求する配偶者側にある場合，離婚の請求を認めていませんでした（最判昭27・2・19民集6巻2号110頁）。

　その後，有責配偶者からの離婚請求に対する制限は緩和され，最高裁判所は，昭和62年の判決において，①夫婦の別居が両当事者の年齢及び同居期間との対比において相当の長期間に及び，②未成熟の子が存在しない場合，③相手方配偶者が離婚により精神的・社会的・経済的に極めて苛酷な状態におかれる等離婚請求を認容することが著しく社会正義に反するといえるような特段の事情の認められない限り，有責配偶者からされた離婚請求であっても，認められるとしました（最判昭62・9・2家月46巻9号59頁）。

　また，その後，3歳から母親の監護の下で育てられた高校2年生の未成熟子がいる事案においては未成熟子がいる場合でも，個別の事情を総合的に考慮して，有責配偶者からの離婚請求が信義則に反するか否かを判断し，別居から13年11か月が経過し，毎月養育費を支払ってきた実績等から，離婚請求が認められています（最判平6・2・8民集41巻6号1423頁）。

　(b)　**有責配偶者が離婚請求する場合の注意点**　　上記のとおり，日本の裁

判所の判決では，有責配偶者からの離婚請求は限定的にしか認められていません。しかし，諸外国では，婚姻が破綻していれば破綻の原因を作った有責配偶者からの離婚請求であっても認められる制度である場合もあり，日本法が適用される場合に，外国人の当事者には有責配偶者からの離婚請求が制限されるという認識がないことが考えられます。

　有責配偶者から相談を受けたときには，判例に基づく判決の見込みや，判決になった場合に離婚が認められる可能性が高くない場合には，合意による離婚を目指すことが有用であることについて十分に説明し，離婚が容易でない可能性があることや，離婚の条件で大幅な譲歩を求められる可能性があること等について理解を得た上で，方針を決め，手続を進める必要があります。

【今井　明日香】

92　第1章　離婚の手続

# Q13

## 外国裁判所で離婚訴訟を提起された場合

　私は日本人でオーストラリア人の妻と結婚していますが，妻と不仲になり，妻は1人でオーストラリアに帰国してしまいました。この度，オーストラリアにいる妻から，オーストラリアの裁判所で離婚訴訟を提起したという連絡がありました。オーストラリアの裁判所で離婚の判決が確定した場合，その判決は日本でも有効なものなのでしょうか。

　また，オーストラリアの離婚裁判に関する書類が送られてきた場合には，どのように対応するべきでしょうか。

**A**　外国の裁判所の確定判決が日本で承認されるための要件が民事訴訟法118条に定められています。同条によれば，オーストラリアの裁判所が離婚を認めた確定判決が日本で効力を有するためには，①日本法を基準として，オーストラリアの裁判所に管轄が認められること，②日本人の夫が適切な送達を受けたか，あるいは応訴したこと，③判決の内容と訴訟手続が日本における公序良俗に反しないこと，④相互の保証があることが必要です。

　オーストラリアの離婚裁判の関係書類が送達されてきた場合，送達書類の内容，今後の対応等については，オーストラリアの弁護士に相談するべきです。日本法からみてオーストラリアの離婚裁判に国際裁判管轄がない場合や，翻訳文が添付されていない訴状等が直接郵便で送達されてきた場合等，民事訴訟法118条各号の要件を欠く場合には，外国裁判所の判決が確定しても日本では承認されません。

● ●　解　　説　● ●

## ① 外国判決の承認

　外国の裁判所で提起された離婚訴訟の対応を検討するときや，外国で得た

離婚判決に基づいて日本で手続をするとき等に，外国の裁判所の確定判決が日本で効力を有するか否かが問題となります。外国の確定判決の効力が日本で承認されるための要件は，民事訴訟法118条に定められています。

### (1) 外国判決の承認の要件

外国の確定判決の効力が日本で承認されるための要件は，民事訴訟法118条に定められており，①判決をした外国裁判所が，日本法からみてその事件について国際裁判管轄を有すること，②当事者が適切な送達を受けたか，応訴したこと，③判決の内容と訴訟手続が日本における公序良俗に反しないこと，④相互の保証があることを要するとされています。

各要件の具体的な内容は次のとおりです。

(a) **管轄**（民訴118条1号）　「外国裁判所の裁判権が認められること」という管轄の要件では，判決をした外国裁判所に，その事件の裁判をする管轄（間接管轄）が認められることを要します。

間接管轄の有無は，当該外国の基準ではなく，日本の基準により判断するとされています。すなわち，国際裁判管轄について改正された日本の人事訴訟法の規定に照らして，当該外国に当該事件を裁判するための管轄が認められるか否かを検討することになります。

(b) **送達又は応訴**（民訴118条2号）

(ア) 本号では，敗訴の被告に対して，訴訟の開始に必要な呼出し若しくは送達が適切になされたことが必要であると定められています。

「訴訟の開始に必要な呼出し若しくは命令の送達」がされたと認められるためには，①被告が現実に訴訟手続の開始を了知することができ，かつ，その防御権の行使に支障のないものであること（適時性），②裁判上の文書の送達につき，判決国とわが国との間に司法共助に関する条約が締結されていて，訴訟手続の開始に必要な文書の送達がその条約の定める方法によるべきものとされている場合には，条約に定められた方法を遵守したものであること（適式性）を要するとされています（最判平10・4・28民集52巻3号853頁）。

(イ) 判決がされた外国と日本との間に，送達に関する条約がある場合には，条約が定める方法による送達でなければ，「訴訟の開始に必要な呼出し

若しくは命令の送達」があったとはいえません。

　(ウ)　日本では，訴状等の送達は裁判所が当事者に対して行いますが，諸外国では，原告が被告に対して直接交付したり，直接郵便で送ったりする方法で送達することが認められている場合があります。そのため，外国の裁判所に提起された離婚訴訟の訴状等が，日本にいる被告に対して，直接郵便で，翻訳文の添付もなく，送られてくる場合があります。

　このような事案について，裁判例では，訴訟の開始に必要な呼出し若しくは命令の送達があったというためには，通常の弁識能力を有する日本人にとって，送付されてきた文書が外国裁判所からの正式な呼出し若しくは命令であると合理的に判断できる体裁を整えたものでなければならず，そのためには，当該文書の翻訳文が添付されていることが必要であり，かつ，右文書の送付が司法共助に関する所定の手続を履践したものでなければならないとしており（東京地八王子支判平9・12・8判タ976号235頁），翻訳文の添付がない送達は本号の要件を欠くとされています。

　(エ)　公示送達は本号の要件をみたしません。

　(オ)　日本にいる被告に対して，本号において適法とはいえない送達がされたとしても，被告が応訴した場合には，本号の要件はみたされます。

　「応訴したこと」とは，いわゆる応訴管轄が成立するための応訴とは異なり，被告が，防御の機会を与えられ，かつ，裁判所で防御のための方法をとったことを意味し，管轄違いの抗弁を提出したような場合も含まれると解されています（最判平10・4・28民集52巻3号853頁）。

　(c)　**公序良俗**（民訴118条3号）　　外国判決の内容及び訴訟手続が日本の公序良俗に反しないことを要します。

　裁判例では，夫婦で日本に居住していたが，有責配偶者であるオーストラリア人が，オーストラリアの裁判所で離婚請求をして，オーストラリアの家族法にしたがって請求が認容された外国裁判所の判決について，「我が国で離婚請求が認められないからといって，本件離婚判決が直ちに民事訴訟法118条3号にいう公序良俗違反となるというわけではないが，原告と被告が我が国で結婚し，婚姻生活も我が国において送ってきたものであって，それ

ゆえ原告及び被告の離婚は，我が国における離婚事案であるといえなくもなく，さらに有責配偶者からの離婚請求が信義則に反する場合，離婚請求を認めることはできないという法理は，我が国の身分法秩序として確立されており，その意味で重要なものであるというべきであって，十分尊重されなければならないのである。こうした事情を勘案考慮すれば，本件離婚判決の内容は我が国の公序良俗に反するものというべきである」と判断したものがあります（東京家判平19・9・11家月60巻1号108頁）。

この裁判例では，当事者が日本で婚姻生活を送っていたこと等を重視し，有責配偶者からの離婚請求を認めた外国の裁判所の判決が日本の公序良俗に反すると判断しています。

(d) **相互の保証**（民訴118条4号）　「相互の保証」とは，外国判決がされた国において，日本がその判決を承認するのと重要な点で異ならない条件で，日本の裁判所の判決が承認されることをいいます（最判昭58・6・7民集37巻5号611頁）。政策的な意味をもつ要件です。

相互の保証は裁判の種類ごとに判断され，離婚の裁判については，多くの国や地域との間で相互の保証が認められています。

(2) **非訟事件について**

民事訴訟法118条は，外国裁判所の「確定判決」が日本で承認されるための要件を定めています。改正後の家事事件手続法79条の2においては，「確定判決」ではない，外国裁判所の家事事件についての確定した裁判についても，その性質に反しない限り，民事訴訟法118条の規定を準用することが明文化されました。

(3) **外国判決の承認の手続**

民事訴訟法118条の要件をみたしている外国判決は，日本において自動的に承認されます。承認のための特別な手続は必要ありません。


## Ⅱ　外国の裁判に関する送達時の対応

(1) **専門家への相談**

96 第1章 離婚の手続

　配偶者が外国で離婚裁判を提起し，日本にいる被告に離婚裁判の関係書類が送達されてきた場合，この送達の外国の裁判所における効力，送達されてきた書類の内容，離婚裁判における今後の対応等については，当該外国法の専門家である弁護士に相談するべきです。

## (2)　応訴する場合の注意点

　外国の裁判が進行し判決が確定したときに，その判決の日本における効力については，上記のとおり外国裁判所の確定判決の承認要件が日本の民事訴訟法118条に定められており，送達時の対応を判断するにあたって考慮すべきです。

　例えば，当該外国の裁判所にその裁判の国際裁判管轄がない場合には，民事訴訟法118条1号の要件を欠きますので，外国裁判所の判決が確定しても，その判決は日本では承認されません。また，訴状等が，被告に対して，翻訳文を添付することなく直接郵便で送達されてきた場合などには，民事訴訟法118条2号の要件を欠きます。しかし，当該外国の裁判所に国際裁判管轄がないとして，管轄違いの主張をした場合には，応訴したとして，民事訴訟法118条2号の要件をみたすことになります。そうすると，後日，適法な送達がなかったとして，同号の要件を欠くという主張をすることができなくなりますので，注意が必要です。

　民事訴訟法118条2号の要件をみたさない送達であっても，当事者が外国の裁判所の裁判を利用して紛争を解決したいという意向を有するときには，あえて応訴するという選択肢が考えられます。応訴した場合には，不本意な判決が確定したとしても，後日，適法な送達がなかったとして，同号の要件を欠くという主張をして，日本で確定判決の効力を争うことができなくなることを理解した上で，応訴するか否か判断することになります。


## Ⅲ　判決後の対応

　外国の裁判所の離婚判決が確定した場合，戸籍法の定めに従って，届出をします。

外国で届出をする場合には，日本領事館等に届出をします。日本で届出をする場合には，役所に届け出ます。役所への届出に当たり，判決の謄本，判決の確定証明書，敗訴した被告が呼出しを受け又は応訴したことを証する書面，これらの翻訳文の準備が必要となります。

共同親権制を採用する国の離婚判決において共同親権が定められている場合，離婚判決を届け出ると，日本では共同親権制は採用されていませんが，戸籍には子の親権者は両親であると記載されます。

【今井　明日香】

# 第2章

## 別居の開始から
## 離婚にいたるまで

# Q14

## 渉外離婚事件における別居の際の留意事項

国際離婚において，別居をしている場合，どのようなことに気をつけなくてはならないでしょうか。

**A** 外国人が離婚の一方当事者の場合，あるいは外国人同士の離婚の場合，日本人同士の離婚の場合とは，弁護士の関わる時期，子と住居の問題，別居中の婚姻費用の問題，在留資格などの点で，日本人同士の離婚とは異なった配慮が必要になります。

●● 解　説 ●●

### Ⅰ　弁護士が関わる時期

日本人同士の夫婦の離婚問題においても，別居中に弁護士が一方当事者の代理人となり，相手方が代理人を依頼していない場合，相手方に弁護士が直接連絡をすると，「なんで弁護士に依頼したのだ」と相手方が弁護士を依頼した当事者を非難し，話がこじれる場合があります。できる限り当事者同士で話をした方が，話がスムーズに進む場合があるといえます。

特に相手方が外国人である場合は，弁護士の介入や法的手続に対して不安や恐怖心を抱くことが少なくありません。このため，内容証明郵便で受任通知及びほかの通知を出すことは，必要がない限りは避けた方が望ましいといえます。

弁護士から相手方に連絡をする際は，可能であれば，事前に依頼者から相手方に弁護士から連絡がある旨を伝えた方が交渉が進みやすい場合があります。

## Ⅱ 子と住居の問題

　一方の親が別居に当たり家を出る際，子を連れて出ることが日本人同士の離婚では多くみられます。相手方が外国人の場合，相手方の承諾を得ずに子を連れて家を出ると，日本人の場合以上にトラブルになる可能性が高いようです。子の激しい奪い合いとなるおそれもあります。子を連れて家を出る場合には，相手方の了承を得るように努めることが望ましいといえます。

　また，外国人の場合，保証人が必要であるなど，家を新たに借りることがより難しい場合もあります。子が転校することも難しいかもしれません。

　そこで，外国人同士，あるいは一方当事者が外国人の場合，離婚にいたるまで，別居せずに同居したまま話合いを継続し，あるいは離婚調停を行う事例も少なからずあります。

　子を連れて別居する場合には，他方親と別居中の子との面会交流の取決め等をすることが，子に対する他方親の虐待があるなどの特段の事情のない限り，望ましいといえます。また，別居中の子の監護をどちらの親が行うか及び面会交流について話合いで予め取決めができないままやむを得ず，別居が先行してしまう場合でも，なるべくすぐに調停等で話し合って合意する，合意ができない場合は審判で解決することが望ましいといえます。くわしくはQ16をご参照ください。


## Ⅲ 別居中の婚姻費用の問題

　やむを得ず別居をする場合には，別居中の婚姻費用の分担についてルールを定めておくことが必要となります。例えば，子がインターナショナルスクールに通学していれば，学費が高額であることもありますので，具体的にどちらがいくら負担するのかについて取決めをしておくことが必要となります。くわしくはQ15をご参照ください。

## Ⅳ 在留資格

外国人配偶者が日本人と婚姻しており，「日本人の配偶者等」の在留資格で在留している場合，別居すると，当該在留資格が想定している同居・相互の協力扶助の活動が事実上行われなくなっているとして，在留資格が更新されない可能性もあります。

そこで，離婚調停，離婚裁判が係属しており在留期間の満期が迫っている場合などには，出入国在留管理庁に，調停係属証明書，婚姻費用の送金記録等を提出するなどして，別居中ではあるものの円満な婚姻関係回復のために努力していることを示して，在留資格更新の申請を試みることが必要な場合もあるといえます。

なお，日本人の配偶者等の身分を有する者が，配偶者の身分を有する者としての活動を継続して6月以上行わないで在留している場合，在留資格取消制度の対象となる点には留意が必要です（入管22条の4第1項7号）。

くわしくはQ17をご参照ください。

【水内　麻起子】

104 第2章　別居の開始から離婚にいたるまで

# Q15

## 婚姻費用の国際裁判管轄と準拠法

　私は日本国籍で，夫はオーストラリア国籍です。夫とは日本で結婚し，結婚してから2年後に日本で長男が生まれました。長男は現在5歳です。夫と日本で生活していましたが，夫は別の女性と交際して家を出て行ってしまいました。夫は日本に居住しており，住んでいるところはわかっています。夫からの生活費がなければ生活できません。生活費の請求をするつもりですが，話がまとまらない場合，日本の裁判所を利用することができるでしょうか。日本の裁判所を利用できる場合，どこの国の法律に基づいて判断されるのでしょうか。

**A**　別居中の婚姻費用を調停で申し立てることが考えられます。本件では，現時点では申立人である妻も相手方である夫も日本に居住していますので，いずれの国の裁判所が管轄を有するかという国際裁判管轄の問題は生じません。日本の裁判所を利用できます。調停の場合，管轄について合意がなければ，原則として相手方の住所地を管轄する家庭裁判所が管轄となります。そこで，本件では夫の居住する住所地を管轄する家庭裁判所に管轄があることになります。

　もっとも，夫がオーストラリアに帰ってしまった場合には，日本の裁判所で調停を利用することについての夫との合意がなければ，調停を利用できるかどうかが問題となり，国際裁判管轄の問題が生じます。人事訴訟法等の一部を改正する法律が，平成30年4月25日に公布されました（平成31年4月1日に施行されました）。この法律による改正後の家事事件手続法3条の10によりますと，扶養権利者の住所地（住所がない，住所が知れない場合には居所）を管轄する裁判所も管轄を有しますので，あなたが婚姻費用の調停を日本の家庭裁判所で申し立てる場合，あなたの住所地を管轄する日本の裁判所に管轄があることになります。そこで，日本の裁判所を利用して，婚姻費用分担調停を

申し立てることができます。

　婚姻費用の準拠法については，扶養義務の準拠法に関する法律によると解されています。同法によると，まず，扶養権利者の常居所地法によることになります（扶養義務の準拠法に関する法律2条1項）。本件の場合，日本で結婚し，それ以来日本で居住していますので，扶養権利者の常居所地法である日本法によって手続を行うことになります。

● ● 　解　　説　 ● ●

## ① 婚姻費用の国際裁判管轄

### (1) はじめに

　日本の裁判所を利用できるかどうかは，いずれの国の裁判所が管轄を有するかという国際裁判管轄の問題です。

　本件では，生活費について話合いがまとまらなければ，調停の申立てをすることが考えられます（必要性，緊急性が高い場合には，婚姻費用分担の審判を本案として婚姻費用の分担の保全処分を申し立てることも考えられます。家手157条1項2号）。しかし，本件では，現時点では申立人である妻も相手方である夫も日本に居住していますので，いずれの国の裁判所が管轄を有するかという国際裁判管轄の問題は生じません。国内実務に従い，調停の場合，管轄について合意がなければ，原則として相手方の住所地を管轄する家庭裁判所の管轄となります。本件では夫の居住する住所地を管轄する家庭裁判所の管轄になります。

　ただし，夫が本国であるオーストラリアに帰ってしまった場合は，日本の裁判所での調停を利用する合意が得られなければ，国際裁判管轄が問題となります。

### (2) 国際裁判管轄の基準

　(a)　国際裁判管轄については，人事訴訟法等の一部を改正する法律が規定しています。当該法律は，平成30年4月25日に公布されました（平成31年4月1日に施行されました）。この法律による改正後の家事事件手続法3条の10は，婚姻費用の審判の管轄について，扶養義務者であって申立人でない者又

106　第2章　別居の開始から離婚にいたるまで

は，扶養権利者の住所（住所のない又は住所の知れない場合は居所）が日本国内に
あるときは，管轄権を有する，と定めています。調停の場合の管轄について
は，同法3条の13で審判の場合の管轄権が日本にある場合のほか，当事者間
で日本の裁判所に調停の申立てをすることの合意をした場合も管轄が認めら
れます。

　以前は，国際裁判管轄が成文法で定められていなかったため，条理により
判断されていましたが，実務に従って，成文化されました。

　(b)　改正後の家事事件手続法3条の10に従って判断しますと，あなたが婚
姻費用の調停の申立てをした場合，扶養権利者であるあなたは日本在住です
ので，あなたの住所地（住所のない又は住所の知れない場合は居所）を管轄する日
本の裁判所に管轄があることになります。あなたは日本の裁判所を利用して
婚姻費用分担調停を申し立てることができます。

## Ⅱ　婚姻費用の準拠法

### (1)　扶養義務の準拠法に関する法律

　婚姻費用の分担がどこの国の法律に基づいて判断されるのかは，婚姻費用
の準拠法の問題です。

　(a)　婚姻費用の準拠法については，扶養義務の準拠法に関する法律による
と解されています。

　同法2条は，次のとおり定めています。

> 1　扶養義務は，扶養権利者の常居所地法によつて定める。ただし，扶養権利
> 　者の常居所地法によればその者が扶養義務者から扶養を受けることができな
> 　いときは，当事者の共通本国法によつて定める。
> 2　前項の規定により適用すべき法によれば扶養権利者が扶養義務者から扶養
> 　を受けることができないときは，扶養義務は，日本法によつて定める。

　法の趣旨は，扶養の問題は，扶養権利者が現実に生活を営んでいる社会と
密接に関係するため，扶養権利者が常居所を有している地の法律によって規
律することが望ましいという点にあります。

当該法律によると，婚姻費用の分担を求める側（申立人）が日本に居住していれば，常居所地法である日本法が適用されることになります。

ここで，1項ただし書の「扶養権利者の常居所地法によればその者が扶養義務者から扶養を受けることができないとき」とは，法律上扶養を受けることができないことであると解されています。そして，扶養義務者が法律上存在するものの，扶養義務者に資力がない場合などは含まれないと解されています。

また，「共通本国法」の決定については，まず，権利者と義務者との間に共通する国籍があるかどうかが検討されます。そして，共通する国籍があれば，その国の法が共通本国法になると解されています。

(b)　本件では，同条1項本文により，扶養権利者である妻が日本に居住していますので，妻の常居所地法である日本法によって扶養義務が定められることになります。したがって，日本法に基づいて判断されることになります。

### (2)　婚姻費用の算定について

(a)　**婚姻費用算定表について**　　日本の裁判所では，現在，広く，婚姻費用の算定表が用いられています。これは，夫婦のみの場合並びに子の人数（1〜3人）及び年齢（0〜14歳と15〜19歳の2区分）に応じて表10〜19に分かれています（東京家庭裁判所ホームページ参照。http://www.courts.go.jp/tokyo-f/vcms_lf/santeihyo.pdf）。

(b)　**親が外国人の場合の教育費**

(ｱ)　算定表は，子の学校について公立の学校を念頭において作成されています。親が外国人であれば，子がインターナショナルスクールに通学していて，高額な学費が必要な場合もあるでしょう。その学費を，どちらがいくら支払うかについては，調停で取決めをする必要が出てくると思います。調停で合意にいたらなければ審判に移行し，審判で判断されますので，留意が必要となります。

(ｲ)　前述のように，婚姻費用算定表に基づいて算定された金額は，公立学校に通学する場合が想定されています。そのため，この金額による婚姻費用分担金のみでは，私立学校に通う子を監護する扶養権利者は，学費の支払

が困難となることもあり得るでしょう。そのため，扶養義務者が子の私立学校への進学を明示又は黙示に承諾していたとみられる場合，その収入及び資産の状況等から見て扶養義務者に相応の負担能力がある場合には，私立学校の学費等を考慮した加算を行う必要が生じます。

(ウ) この場合に，私立学校に通学する子については，基礎収入按分処理を行うのが一般的です。

基礎収入按分処理とは，私立学校の実際の授業料から，標準的算定方式で考慮されている公立学校の学校教育費（標準的学校教育費）を控除した額を算定し，この額（超過教育関係費）を当事者双方の基礎収入で按分する方法です。

ここで，標準的算定方式とは，夫婦それぞれの総収入から婚姻費用の原資となる基礎収入を算出し，双方の基礎収入の合計額を双方の世帯の生活指数に応じ配分するものです。基礎収入の算定は，給与所得者の総収入から「公租公課」「職業費」「特別経費」が考慮されます。「職業費」とは，給与所得者として就労するために必要な出費（被服費，交通費，交際費等）です。「特別経費」とは，住居費，医療費等が該当するといわれています。

(エ) 私立学校の学費について調停で合意にいたらず，審判となった場合の最近の裁判例として，大阪高裁平成26年8月27日決定（判タ1417号120頁）があります。

同決定は，別居中の妻が夫に対して婚姻費用を請求した事案の抗告審の審判例です。子2人を妻が養育監護しており，上の子が私立高校に通学している場合の私立学校の学費について，本審判は，これまで一般的に用いられてきた基礎収入による按分処理を行わず，学費のうち公立学校の標準的教育関係費を超える部分について，妻と夫で2分の1ずつ負担すべきとして，婚姻費用分担額を定めています。

(c) **各種手当の収入算定**　外国人が外資系企業で勤務しているという場合も少なからずあると思いますが，外資系企業では，通常の給与のほかに住居手当等の各種手当がある場合もあります。婚姻費用の算定に当たっては，こういった手当の金額を収入に加算し，又は，考慮に入れて婚姻費用を算定することが必要といえます。　　　　　　　　　　　　　　　　【水内　麻起子】

# Q16

## 別居に伴う子の移動

私は日本人です。イギリス人の夫と日本で結婚し，長女が日本で生まれました。夫と長女と日本で生活していましたが，別居をすることになり，長女を連れて家を出ようと思っています。長女は3歳です。今後，夫との間で長女について何を取り決めるのが望ましいでしょうか。

**A** 子を連れて家を出て別居するとのことですので，子について，別居中の監護をどうするか，面会交流をどうすべきか，夫との間で取り決めることが望ましいといえます。

●●  解　説  ●●

### Ⅰ　子の監護について

#### (1)　別居に際して

別居に際して，子を連れて家を出る場合もあり得るでしょう。

諸外国では，他方の配偶者の許可なく，子を連れて家を出ることが，違法とされていたり，さらには，刑事罰の対象となる国もあります。一方，日本では，子を連れて家を出て別居すること自体は，暴力的な態様でなされるなど特段の事情がない限り，ただちに違法とは解されていません。

このような日本の法制度や実務については，日本人の間でも批判がありますが，特に，他方配偶者が外国人である場合は，より，トラブルのもとになりやすいといえます。このため，相手方配偶者の承諾を得た上で，子を連れて家を出ることが望ましいといえます。前述のとおり諸外国では，相手方配偶者の承諾なく子を連れて家を出ることに対して厳しい態度をとっている国もありますので，無断で子を連れて家を出ることが，相手方配偶者に理解されにくい可能性があります。やむを得ない事情で相手方配偶者の承諾なく子

110　第2章　別居の開始から離婚にいたるまで

を連れて家を出る場合には，事後的にでも相手方配偶者の承諾を得るように試み，当事者間で話合いがつかない場合は，すぐに家庭裁判所に調停を申し立てて話合いを継続し，それでも合意ができない場合は，審判で決定してもらうことが望ましいといえます。相手方配偶者が外国人である場合，日本人同士である場合以上に，承諾のない子連れ別居はトラブルになる可能性がありますので，注意が必要です。

### (2)　監護者の指定

　別居に当たり，別居期間中の未成年の子の監護はどちらの親が行うのか，取決めをすることが法律上は要請されていません。

　しかし，別居中も親権は父母に属します（民818条1項）。そのため，別居中に片方の親と生活している子についてもう片方の親が子を取り戻そうとするなど，子の取り合いが生じることがあります。

　離婚後の子の監護については，民法上規定があります（民766条1項・2項）。子の監護に関して必要な事項は協議して定める，協議ができない場合は家庭裁判所が定める旨が規定されています。別居中については民法上，直接の規定はありませんが，実務上，「子の監護に関する処分」として別居中の監護についても，家庭裁判所の審判で定められることになっています（家手39条・別表第2の3項）。

### (3)　子の監護の決定基準

　上記のとおり，子の監護者を定めるに当たって，子の取り合いのおそれがあるなどの場合は，家庭裁判所で監護者指定の調停，あるいは審判を申し立てることが考えられます。

　その場合，監護者の決定は，「子の利益」を基準として，一切の事情を考慮して行われることになります。父母側の事情，子の事情の両方が考慮されます。

　監護の実績・継続性は優先される傾向はありますが，それだけでは判断されないと解されています。

　また，子の年齢が高くなり，子が別居親のもとで生活する意思が強い場合，子の意思が優先される傾向があります。満15歳以上の子の場合，家庭裁判

所は子の意思を考慮しなければならないことになっています（家手169条2項，人訴32条4項）。日本の実務では，10歳前後以上であれば，子の意思表明能力に問題はないとされ，調査官による調査等により，子の意思の把握が行われることが多いようです。

一方の親が監護を継続している子を他方の親が無断で連れ去る，あるいは面会交流の機会に子を返還しないなどの場合，その後，子を連れ去った親のもとで子が安定した生活を送ったとしても，違法な奪取によるものとして，その結果を追認しない傾向に裁判例はあるようです。

### (4) 本件の場合

本件では，相談者が子を連れて家を出たい場合，子を連れて家を出ること，また，別居中に子を相談者が監護することについて，夫から承諾を得ることが望ましいと考えられます。子の取り合いが予想される場合，子の別居中の監護者について協議しても話がまとまらない場合は，家庭裁判所に監護者指定の審判あるいは調停の申立てをすることが考えられます。

## Ⅱ　子との面会交流

### (1) 面会交流について

別居中に夫が面会交流を求める場合，夫と子との定期的な面会交流について取決めをすることが望ましいといえます。子の福祉の観点からも，他方配偶者から子に対する虐待があるなどの事情がない場合には，他方配偶者との交流が子にとっても望ましい場合が多いと考えられます。協議で定められない場合，調停，審判で取り決めることになります。

民法766条は，父母が協議上の離婚をするときは，「子の監護について必要な事項」として，「父又は母と子との面会及びその他の交流」を挙げ，父母が協議で定めることを規定しています。そしてこの場合，「子の利益」を最も優先して考慮しなければならない，と明記しています。

当該規定は離婚後についての定めですが，実務上，「子の監護に関する処分」として別居中の面会交流についても，家庭裁判所の審判で定められるこ

とになっています（家手39条・別表第2の3項）。

### (2) 相手方配偶者が外国人である場合の配慮

面会交流について，特に相手方配偶者が外国人の場合，面会交流に対する考え方の違い，文化の違いを理解することが大切です。

日本の実務では，従来，非監護親との面会交流は月1度程度が標準とされてきましたが，外国人配偶者には回数が少なすぎるとして理解を得るのが難しい場合があります。

諸外国では監護自体も双方の親がそれぞれ半分ずつが標準という国もあり，その場合には週の半分ずつをそれぞれの親と過ごすことになる場合もあります。

主たる監護者が取り決められても，非監護親との面会は，隔週ごとに金曜日の夕方から日曜日の夕方までということも多々あります。

諸外国では，面会交流（用語は，国により様々です）について実定法で規定されている例や，父母が婚姻しているかどうかを問わず親権あるいは監護権を共同行使すると定められ，あるいは親責任（離婚後も親は子に対する責任を果たさなければならないとする考え方）を定め，その一環として面会交流が認められるとされている例があります。

諸外国では，面会交流において日本のように第三者の立会いを要件とすることも一般的ではありません。面会交流は親子の日常的な交流を確保するものだからです。

諸外国によっては祖父母に面会交流権を認める国もあります。

### (3) 本件の場合

本件では，夫が外国人ですので，面会交流に対する考え方の違いを理解しつつ，面会交流について取決めをすることが望ましいといえます。

## Ⅲ 子の監護・親権・面会交流に関する日本と諸外国の法制度の違い

渉外離婚においては，子の監護，離婚後の親権，面会交流についての日本と諸外国との法制度の違いから，別居に際しての当事者双方の考え方や行動

の違いが極立ち，対立や紛争が激しくなることがあるため，その違いを知っ
ておくことが有用です。

　この点については，**第3章のQ18～Q22及びQ24**で解説します。特に国境
を越える子の移動や面会交流については，国内事案とは異なる配慮が必要に
なりますので，**Q25～Q30**で解説します。

【水内　麻起子】

114　第2章　別居の開始から離婚にいたるまで

# Q17

## DVからの保護

私はアメリカ国籍です。日本人の夫と日本で結婚しました。現在，私は「日本人の配偶者等」の在留資格で日本に滞在しています。夫と日本で生活していましたが，夫の家庭内暴力（DV）がひどかったため，私は配偶者暴力等に関する保護命令を申し立て，保護命令が発令されました。

(1)　今後，私は家を出ていかなくてはならないでしょうか。

(2)　また，今後も日本で生活したいと思っていますが在留資格更新に夫の協力は得られません。日本で生活し続けられるでしょうか。

(3)　新しい家の住所を夫に知られないようにすることができるでしょうか。

**A**　(1)　保護命令で退去命令が発令されていても，それは一時的な退去にすぎません。そこで，安全を確保するためには家を出る必要があります。

(2)　離婚が成立していない場合には，夫婦関係調整調停を家庭裁判所に申し立て，受理証明書あるいは調停係属証明書を出入国在留管理庁に提出し，出入国在留管理庁にDV被害の事情及び日本人配偶者による在留資格更新の協力を得られない事情を説明することで，在留資格更新を得られる可能性があり得ます。

(3)　住民票についても，転入した市区町村に「住民基本台帳事務におけるDV等支援措置」を申し出て「DV等支援対象者」となることによって，住民票の閲覧，謄写制限（拒否）がなされるようにすることができます。

● ● ● 解　説 ● ● ●

## Ⅰ　DVにより家を出る必要性

DV事案においては，配偶者に，配偶者暴力等に関する法律10条1項2号により，ともに生活の本拠としている住居からの2か月間の退去が命じられ

ることがあります。しかし，この期間は，DV被害者が一時的に家に戻り荷物を搬出するための期間であり，相手方が永久に家を立ち退きDV被害者が家に戻れるというわけではありません。

したがって，DV被害者はDV被害から逃れるためには，結局，家を出て別に住居を確保する必要があります。

DVシェルターに避難することも考えられますが，地域によっては，外国人の受け入れに対応しているDVシェルターを探すのが困難である可能性があります。

## Ⅱ　DVと在留資格

### (1)　別居中の在留資格

**(a)　在留資格更新**　　外国人配偶者が日本人と婚姻しており，「日本人の配偶者等」の在留資格で在留している場合，別居すると，当該在留資格が想定している同居・相互の協力扶助の活動が事実上行われなくなっているとして，在留資格が更新されない可能性もあります。

しかし，DVの被害者の場合，夫婦関係調整（離婚）調停を家庭裁判所に申し立て，受理証明書あるいは調停係属証明書を出入国在留管理庁に提出し，出入国在留管理庁にDV被害の事情及び日本人配偶者による在留資格更新の協力を得られない事情を説明することで，在留資格更新を得られる可能性があります。

法務省通達（平20・7・10管総2323号）によると，出入国在留管理庁がDVを認知したときは，DV事案の内容について事情聴取を行うなど慎重に配慮すべきことなどが明らかにされています。

**(b)　在留資格取消しの手続における配慮**　　一方，日本人の配偶者等の身分を有する者が，配偶者の身分を有する者としての活動を継続して6か月以上行わないで在留している場合，在留資格を取り消すことができると定められています（入管22条の4第1項7号）。

ただし，「当該活動を行わないで在留していることにつき正当な理由があ

116　第2章　別居の開始から離婚にいたるまで

る場合を除く」との記載があり，配偶者からの暴力を理由として一時的に避難している場合などは「正当な理由」に当たる場合があり得ると考えられます。

　また，入管法22条の4第1項7号の取消事由に該当する場合でも，申請により定住者等への在留資格への変更，永住許可申請が可能な場合があります。

　そのため在留資格取消事由に該当する外国人に対しては，在留資格の変更の申請又は永住許可の申請の機会を与えるよう法務大臣は配慮しなければならない旨が規定されています（入管22条の5）。

　なお，中長期在留者は，届け出た住居地を退去した日から，90日以内に住居地（我が国における主たる住居の所在地）を届け出ない場合，住居地の届出をしないことについて「正当な理由」があるときを除き，在留資格取消しの対象となります（入管22条の4第1項8号又は9号参照）。しかし，配偶者からの暴力を理由として避難又は保護を必要としている場合は，在留資格の取消しを行わない「正当な理由」となる事例として，旧法務省入国管理局が取り上げています（平成24年7月法務省入国管理局「住居地の届出を行わないことに正当な理由がある場合等在留資格の取消しを行わない具体例について」）。したがって，DVの被害者が90日以内に住居地を届け出ない場合でも，住居地の届出をしないことについて，「正当な理由」があるとされ，在留資格の取消しがなされない可能性があります。

　法務大臣が入管法22条の4第1項の規定による在留資格の取消しをしようとするときは，その指定する入国審査官に，当該外国人の意見を聴取させなければならないとされています（入管22条の4第2項）。

　(c)　**本件の場合**　　本件でも，夫に対して夫婦関係調整調停を家庭裁判所に申し立て，受理証明書あるいは調停係属証明書を出入国在留管理庁に提出し，出入国在留管理庁にDV被害の事情及び日本人配偶者による在留資格更新の協力を得られない事情を説明することで，在留資格更新を試みることが考えられます。

　在留資格取消しの手続が開始した場合にも，DVの事実について丁寧に説明することが必要です。定住者等への在留資格の変更，永住許可申請が可能

な場合であれば，試みることが考えられます。

### (2) 離婚後の在留資格

離婚が成立した場合，外国人配偶者は，それまでの「日本人の配偶者等」の在留資格が認められる基礎を失うことになります。その結果，離婚後には，「日本人の配偶者等」の在留資格の更新はできないことになります。

「離婚後の在留資格」については，Q39をご参照ください。

## Ⅲ 外国人の住民票の非開示

転入した市区町村に「住民基本台帳事務における DV 等支援措置」を申し出て「DV 等支援対象者」となることで，加害者が新住所を知ろうとして「住民票の写し等の交付」等の請求等をしても制限（拒否）される措置が講じられます。

本件でも，転入先の市区町村で，「住民基本台帳事務における DV 等支援措置」を申し出ることが考えられます。

【水内　麻起子】

# 第3章

## 別居・離婚と子

# Q18

## 別居・離婚の際の子に関する日本と諸外国の法制度の違い

別居や離婚になった際の子に関する法制度について，日本と諸外国はどのような点で違いがありますか。

**A** 離婚後の親権について，日本は単独親権制度をとっていますが，諸外国の多くは，共同親権制度をとっています。また別居を開始する際，日本では，父母のどちらかが他方親の同意のないまま一方的に子を連れて別居し，その後に必要があれば監護権者を決めたり，離婚の際に親権を決定することが多いという実情があります。

これに対し，諸外国では，一方的に子を連れて別居することは許されず，刑事罰の対象となる場合もあります。もっとも諸外国でも，子を連れて別居すること自体が許されないとは限らず，その後すぐに監護についての申立てをして裁判所の決定を求めることもあります。

● ● 解　説 ● ●

### Ⅰ　別居・離婚の際の子に関する日本の法制度

日本では，別居を開始するに際し，監護権者について取決めがなされていなくても，親の一方が子を連れて家を出て，子との生活が開始されれば，そうした事実上の監護状態が特に違法とは評価されないという実情があります。

もっとも，子を一方の親が連れて出たこと自体が違法な「連れ去り」と主張されたり，別居開始後に子の取り合いになるケースもあります。このような紛争を防ぐためには，別居前に，別居中の子の監護や面会交流について予め話し合って合意ができれば，それが一番望ましいのですが，それができない場合には，家庭裁判所に監護者指定の調停・審判や子の引渡調停・審判を申し立てて，調停・審判で監護権者を決めることになります（家手39条・別表

2の3項)。夫婦間の別居について話し合う夫婦関係調整調停で事実上の子の
監護者を定めることもあります。

　日本では，協議離婚が約9割を占め，協議離婚の場合は，離婚届に夫婦間
の未成年子について父母のどちらを親権者とするか記入するだけで，離婚後
の親権者は決定します。非親権者が子の養育にどの程度関わるのか，責任を
持つのかについては，離婚の際に具体的な取決めは必ずしも必要ありません。
平成23年に民法766条が改正され，子の監護について必要な事項として「父
又は母と子との面会及びその他の交流」（面会交流）及び「子の監護に要する
費用の分担」（養育費の分担）が明示されるとともに，子の監護について必要
な事項を定めるに当たっては子の利益を最も優先して考慮しなければならな
い旨が明記されました。しかし，それらの取決めは，離婚や親権者の指定の
ための必要条件とはなっていません。

　調停離婚や裁判離婚で離婚する場合も，離婚後の親権者は必ず決定しなけ
ればなりませんが，養育費，面会交流，その他子の養育に非親権者がどれだ
け関わるかについての取決めを必ずしなければならないというものではあり
ません。もっとも実務においては，子との面会交流については裁判所も取決
めを促し，月1回から2回程度の面会交流の取決めをすることが一般的にな
ってきているといえます。


## Ⅱ　別居・離婚の際の子に関する諸外国の法制度

　諸外国では，多くの国が共同親権制をとっていますが，その場合，家を出
て別居を開始する際に，協議せずに子を連れていくことは許されず，国によ
っては刑事罰まで定めている場合があります。もっとも諸外国でも取決めが
できるまでは別居ができない，ということはありません。別居前に協議や合
意ができない場合は，まず子を連れて出た後，直ちに裁判所に申立てをして
子の監護について決定を求める手続がなされることがあります。

【村上　尚子】

# Q19

## 諸外国における共同親権・監護権制度

　私は日本国籍ですが，妻と子はＡ国籍です。妻と離婚することになりました。子の親権の指定や子の監護に関する事項は，どこの法律に基づいて決めることになりますか。また，その内容はどのようなものでしょうか。

**A**　あなたのケースでは，子の親権者の指定，子の監護に関する処分に関する事件の準拠法は，Ａ国の法律となります。したがって，Ａ国の法律によって，子の親権，監護に関する事項を取り決めることになります。諸外国の法律では，日本法と異なり，共同親権・監護権制度がとられていることが多いので，注意が必要です。

●　●　解　　説　●　●

### Ⅰ　準　拠　法

　子の監護権の指定・変更，子の監護に関する処分に関する事件の準拠法については，通則法32条により「親子間の法律関係は，子の本国法が父又は母の本国法（父母の一方が死亡し，又は知れない場合にあっては，他の一方の本国法）と同一である場合には子の本国法により，その他の場合には子の常居所地法による。」と定められています。したがって，本件では，子の本国法が母（妻）と同一のＡ国法であることから，Ａ国の法律が準拠法となります。

　なお，子が重国籍である場合は，通則法38条により，まず，子の本国法を決定した上で（Q3参照），父又は母の本国法が同一であるかを確認します。

### Ⅱ　共同親権・共同監護権

　諸外国では，多くの国が共同親権，共同監護権制度をとっています。

もっとも，共同親権，共同監護権といっても，内容は一律ではありません。親権・監護権という言葉自体を使わなくなっている国もあります。親権という言葉を使わず，子の住居，教育，医療，宗教，面会交流といった個別の問題ごとに父母のどちらが決定するかを取り決めたり，離婚後の子との生活，関わりについて，具体的に日数，時間などを取り決める国もあります。

日本の親権概念（身上監護権，財産管理権）に近い親権の場合でも，単独親権と共同親権を選択できたりすることがあります。また，親権者とは別に養育者を定めることができる場合もあります。

いずれにしても，共同親権，共同監護権制度をとっている国では，具体的な違いはあるものの，離婚後も双方の親が子の養育に関わることが基本とされています。

例えば，フランスでは，父母が別居，離婚しても親権を共同で行使するのが原則とされていますが，例外的に子の利益に反する場合，例えば両親の一方の重大な精神障害，アルコール中毒，子に対する暴力などにより，子が肉体的に又は精神的に危険な状況に置かれることになる場合には，裁判所は両親の一方に親権の行使をゆだねることができます。もっとも，父母の一方が単独親権をもつこととなった場合でも，非親権者は親権者による養育，教育を監督する権利，義務を保持し，子の生活に関する重大な選択が通知されなければならないとされています。

オーストラリアでは，別居，離婚をしても父母と子の法的関係に直接影響は及ぼすものではないと考えられており，子の父母は子が成人に達するまで親責任を有する，とされています。そして，この親責任は，別居，離婚によって変更されないことが法に規定されています。ただし，別居・離婚の際には，養育命令，養育計画によって，親責任の付与割合を定めることができることとなっています。

このように，共同親権・共同監護権については，国によって制度の内容は様々ですので，事件ごとにその国の法制度を調査する必要があります。

なお，参考になるものとして，外務省のハーグ条約に関するホームページ内（http://www.mofa.go.jp/mofaj/gaiko/hague/）にも各国の法制度について情報

提供されていますので，ご参照ください。

## Ⅲ　離婚後の子の転居

　諸外国では，監護者が就職や再婚等のために子を連れて転居することとなった場合は，共同監護権をもつ親や，面会交流権をもつ親の同意が必要なことが多く，同意が得られない場合は，裁判所に対して「リロケーション」の許可をもとめなければならないという国があります。リロケーションが認められる基準は国によって様々ですが（Q29参照），転居の目的，共同監護権ないし面会交流権をもつ親と子との面会交流が確保されるか否かが重視される傾向にあります。外国に転居する場合も同様です。

　共同監護権ないし面会交流権をもつ親の同意や裁判所の許可なく州外や国外に転居した場合は，監護権を失ったり，刑事罰に問われたりすることもありますので注意が必要です。

■参考文献
- 大谷美紀子編著，弁護士法人東京パブリック法律事務所外国人・国際部門著『最新渉外家事事件の実務』221頁〔芝池俊輝＝宮内博史〕
- 芝池＝宮内・前掲249頁
- 小川富之＝立石直子＝古賀（駒村）絢子「オーストラリアの親権・監護権法制」（棚村政行＝大谷美紀子編「親権・監護権に係る関連法に関する調査」（外務省委託調査）より）7頁
- 田中通裕「フランス親権法」（棚村政行＝大谷美紀子編「親権・監護権に係る関連法に関する調査」（外務省委託調査）より）3頁

【村上　尚子】

126    第3章　別居・離婚と子

# Q20

### 日本の単独親権制度について

　私はA国籍，妻は日本国籍，娘も日本国籍です。妻と離婚することになりましたが，離婚後の娘の居所，養育など子の監護に関する処分について，どのような取決めが必要でしょうか。

**A**　あなたのケースは，日本法が準拠法となります。したがって，日本法に従って子の親権，居所，養育など子の監護に関する処分などについて取り決めることになります。日本法では，離婚後は父か母のどちらかの単独親権となりますので，父母のどちらかに親権者を決める必要があります。子の居所，養育など子の監護に関する処分については，親権者に決定する権限があります。

● ● 　解　　説　 ● ●

### ① 　準　拠　法

　子の監護権の指定・変更，子の監護に関する処分に関する事件の準拠法については，通則法32条により「親子間の法律関係は，子の本国法が父又は母の本国法（父母の一方が死亡し，又は知れない場合にあっては，他の一方の本国法）と同一である場合には子の本国法により，その他の場合には子の常居所地法による。」と定められています。したがって，本件では，子の本国法が母（妻）と同一の日本法であることから，日本法が準拠法となります。

　なお，子が重国籍である場合は，通則法38条により，まず，子の本国法を決定した上で（Q3参照），父又は母の本国法が同一であるかを確認します。

## Ⅱ 日本法における単独親権

　親権とは，子を監護，教育するために父母に認められた権利義務のことをいい，父母が共同で行使するのが原則ですが（民818条3項本文），父母が離婚した場合は，どちらか一方の単独親権となります（同項ただし書）。したがって，未成年の子がいる夫婦が離婚する場合，その一方を親権者と定めなければならないことになっています（民819条1項・2項）。

　夫婦間で離婚の合意ができても親権者指定の合意ができていないときは，協議離婚の届出はできません（民765条1項）。協議によって親権者を指定することができないときは，離婚調停の申立てをして離婚調停の中で父母のどちらを親権者とするかについて決めます。離婚訴訟においても裁判所が離婚を認容する場合は，裁判所が親権者について指定することになります。

## Ⅲ 親権の内容，判断基準

　親権とは，子の身上に関する権利義務（身上監護権）と子の財産に関する権利義務（財産管理権），及び法定代理権を含む包括的な概念です。日本の民法には，身上監護の規定として，監護教育権（民820条），居所指定権（民821条），懲戒権（民822条），職業許可権（民823条）などが定められています。また，財産管理権の規定としては，財産管理権・財産的法律行為代表権（民824条）を定めこれに付随するものとして父母共同親権の特則（民825条），利益相反行為についての親権制限（民826条），財産無償授与者による親権者の管理禁止（民830条）を定めています。

　調停・審判・訴訟における親権者指定の基準は，「子の利益」（民819条6項参照）にかなうか否かですが，具体的には，親側の事情（監護能力，精神的・経済的家庭環境，居住・教育環境，子に対する愛情の度合い，従来の監護状況，親族の援助の可能性等）と子側の事情（年齢，性別，兄弟姉妹関係，心身の発育状況，従来の環境への適応状況，環境の変化の適応性，子の意思，父母及び親族との結び付き等）を総合考慮して判断がなされるものとされています。もっとも，実務ではかなりの

128　第3章　別居・離婚と子

程度，監護状況の継続性が重視される傾向にあるといえます。すなわち従前の監護者，別居後の監護者がそのまま継続して監護者，親権者となるのが子の福祉にかなうと判断されることが多くあります。

## Ⅳ　諸外国との主な違い

　諸外国における法制度との違いから，特に外国人の依頼者が戸惑う事項として，以下に挙げるものが考えられますので，事前に説明をしておくなど注意が必要でしょう。

① 　養子となる者が15歳未満である時は，その法定代理人の承諾により養子縁組ができます（民797条1項）。離婚後は，父又は母が単独親権者となるため，親権者（法定代理人）は，非親権者（元夫・元妻）の同意を得ることなく，再婚相手と子を養子縁組をさせることができます。またこの場合，家庭裁判所の許可も必要ありません（民798条ただし書）。

② 　離婚後に親権者が死亡した後，非親権者（元夫・元妻）は，子の親権者に当然になることはありません。親権者である親が死亡し，親権を行使する者がいなくなった場合は，未成年後見が開始します（民838条1号）。もっとも，他方親が親権者変更の申立てを行うことは可能であり，申立てがなされれば，後見人の就任の有無にかかわらず，当該父又は母に適性があり，子の利益にかなう場合は，家庭裁判所の審判により，親権者変更が認められる場合もあります。

③ 　親権者には，子の居所指定権があるので，国内での引っ越しはもちろんのこと，外国に居住場所を変えることもできます。その場合も非親権者の同意は必要とはされていません。

## Ⅴ　依頼者が納得しない場合にとり得る解決策

　外国人の依頼者には，日本の法制度についてよく説明し，時間をかけて納得してもらう必要がありますが，父又は母の一方が単独親権をもつことに当

事者が納得しない場合に考えられる解決方法として次のものがあります。

① 親権者とは別に監護権者を決めることができます（民766条）。すなわち，親権と監護権を分属する合意をすることができます（民766条１項）。もっとも，この場合は，親権と監護権の具体的内容を定めておかなければ，当事者双方の理解に相違が生じ，後で紛争になる場合があるので注意が必要です。

② 親権者は父母のどちらかに定めつつ，当事者間で共同監護について合意することが考えられます。子の監護について，子の居所や親が子と過ごす割合を具体的に定めたり，転居の事前協議や子に関する重要な事項（教育，医療等）について非親権者の同意を要する旨の合意をすることが考えられます。もっとも，このような合意は守られない場合に強制することが難しいという難点があります。

ただし，これらの方法は，日本の法制度が予定しているものとはいえず，あくまで，日本の現行法の枠組みの中での工夫であることから，当事者双方の理解に齟齬がないよう注意し，よく話し合う必要があります。

## Ⅵ 監 護 権

監護権は，親権のうち，身上監護権，すなわち子の心身の成長のための教育及び養育を中心とする権利義務をいいます。監護権は親権の一内容ですが，離婚をする場合に親権と監護権を切り離して，監護権者と親権者を別個に定めることもできます（民766条１項）。

離婚の際に監護権者を決めていない場合でも，離婚後に監護権者を親権者とは別に定めることもできます。監護権者は父母の協議のみで定めることができますが，協議が調わない場合は，調停・審判の手続をとることもできます（民766条２項）。

調停・審判で監護権者を指定する場合は，親権者とは別に監護権者を指定することが「子の利益」にかなうか否かによって判断されることになります。

もっとも，Ⅴで述べたとおり，親権と監護権を分属させる場合は，親権

130　第3章　別居・離婚と子

者の権限，監護権者の権限を明確にしておかなければ理解に相違が生じ，後に紛争になることがあるため，外国人の依頼者に対しては特に注意が必要です。

## Ⅶ　離婚後の親権者変更

　離婚時に父母の一方を親権者と定めていても，その後，子の利益のために必要がある場合は，家庭裁判所で親権者を他方に変更することができます（民819条6項）。親権者は当事者間の協議によって変更することはできず，必ず家庭裁判所の手続が必要になりますので，親権者変更の調停・審判の申立てが必要です。

■参考文献
・　大谷美紀子「国境を越える子の監護問題の法的処理の現状と課題」判タ1376号4頁
・　二宮周平＝榊原富士子『離婚判例ガイド〔第3版〕』150頁
・　東京弁護士会法友全期会家族法研究会編『離婚・離縁事件実務マニュアル〔第3版〕』89頁
・　東京弁護士会法友全期会家族法研究会編・前掲150頁

【村上　尚子】

# Q21

### 諸外国における面会交流制度

　私と子はＡ国籍で，元妻は日本国籍です。家族でＡ国で生活していましたが，離婚後，子は日本で元妻が監護しています。私と子との面会交流について，どのような制度になるのか教えてください。

**A**　あなたのケースでの子の面会交流についての準拠法は通則法32条により，Ａ国法になります。したがって，Ａ国法に従ってあなたと子との面会交流について取り決めることになります。日本法における面会交流と諸外国における面会交流の考え方には異なる点が多いので，その国の制度，考え方について注意が必要です。

● ● 解　　説 ● ●

### Ⅰ　準　拠　法

　子の監護権の指定・変更，子の監護に関する処分に関する事件の準拠法については，通則法32条により「親子間の法律関係は，子の本国法が父又は母の本国法（父母の一方が死亡し，又は知れない場合にあっては，他の一方の本国法）と同一である場合には子の本国法により，その他の場合には子の常居所地法による。」と定められています。したがって，本件では，子の本国法が父と同一のＡ国法であることから，Ａ国の法律が準拠法となります。

　なお，子が重国籍である場合は，通則法38条により，まず，子の本国法を決定した上で（Ｑ３参照），父又は母の本国法が同一であるかを確認します。

### Ⅱ　諸外国における面会交流

　面会交流とは，離婚後又は別居中に子を養育・監護していない方の親が子

と面会したり，手紙や電話などで交流したりすることをいいます。

　この面会交流の権利性，頻度，日数などについての諸外国の法制度は，当事者の認識や文化の違いなどから，日本の法制度とかなり異なります。

　諸外国では，離婚後又は別居中に，子が両方の親と頻繁かつ定期的に交流することが子の利益に合致するとの考えがあり，面会交流が実定法で権利として規定されていたり，親権行使の一態様として当然に認められていたりすることが少なくありません。

　面会交流の内容として，宿泊付きの面会交流が当然であるとされている国も多くあります。また，隔週ごとに金曜日の夕方から日曜日の夕方までの2泊3日の面会交流が基本的な形とされていることもあります。

　このように面会交流権を厚く保護している国では一般的に，ドメスティック・バイオレンスがあったというだけでは子との面会がなくなるわけではなく，ドメスティック・バイオレンスが認められたとしても，第三者の監督付きでの面会を行うことになる場合が多くあります。

　面会交流は特別なイベントではなく，親子の日常的な触れ合いの時間を確保するものと考えられており，日本のように公共の場所を面会の場所にしたり，第三者の立ち合いを条件にしたりといったことは一般的ではありません。

　また，日本とは異なり，祖父母に面会交流権が認められる法制・実務がある国もあります。その他，兄弟姉妹，親のパートナーなど，子の福祉に資する限り，広い範囲で面会交流が認められることもあります。

　例えば，アメリカ（カリフォルニア州）では，父母の別居や離婚後も，子が両方の親と頻繁かつ継続的なコンタクト（frequent and continuing contact）を維持することを確保するのが公共の政策であると宣言されています。

　オーストラリアでは，2006年法改正により，「面会交流」概念は法律上廃止され，替わりに「時間を共に過ごす」（spend time with）及び「通信」（communication）という用語で表現されるようになりました。子とともに過ごす時間に関しては，双方の親と同じ時間を過ごすことが子の最善の利益にかなうか，またそれが実現可能か，を検討し，それがかなえば両親がそれぞれに「平等な時間を過ごす」内容の養育命令がくだされます。裁判所が同じ長

さの時間を過ごす命令を行わない場合は，次の段階として「十分かつ重要な時間をともに過ごす」内容の養育命令が検討されます。ここで，「十分かつ重要な時間をともに過ごす」とは，「週末や休日とそれ以外の日の両方が含まれていること。当該父母が，子の日常生活と子にとって重要な行事やイベントの両方に参加できていること。当該父母にとって重要な出来事やイベントに，子が参加できていること。」とされています。

　日本では，子を監護している親が面会交流に応じようとしない場合，当該親が安心して面会交流を行うための方策として，第三者や第三者機関の立ち会いを条件とすることを家庭裁判所の調停で提案される場合があります。しかし，諸外国では，面会交流は非監護親と子が一緒に過ごす時間と考えらており，第三者の立ち会いは，一般に非監護親が子を虐待している場合や薬物使用等，子への危険につながる問題がある場合の面会交流の監督を意味します。諸外国における面会交流の場合とはかなり意味合いが異なり，日本の実務でよく用いられているからということで提案すると，外国人親には抵抗が強く，受け入れられないことがありますので，注意が必要です。

## Ⅲ　面会交流を実現するための方策

### (1)　面会交流に関する外国裁判所判決の日本における承認・執行

　一方の親が子を日本に連れ帰った事案において，子の面会交流に関する外国裁判所判決が日本において承認・執行されるか問題になることがあります。

　外国人の親が外国裁判所で子との面会交流についての決定を得ており，外国裁判所の決定が外国判決の承認の要件（Q31参照）をみたせば，この効力は日本でも承認され，子を監護する親が任意の履行に応じない場合には，外国裁判所の決定について執行判決を得て間接強制の申立てをすることが可能となります。

### (2)　ハーグ条約に基づく援助

　子が元々居住していた国の法令に基づいて子との面会ができる地位にありながら，日本にいる子について面会交流ができないということで面会交流を

求める親が，ハーグ条約締約国に居住している場合，ハーグ条約に基づく面会交流の援助を日本の中央当局に対し，申し立てることができます。

　援助決定後，当事者が協議のあっせんの支援等を希望する場合，中央当局は，申請者と面会交流を妨げている者の間の連絡の仲介，裁判外紛争解決手続（ADR）機関の紹介，弁護士紹介制度の案内等の支援を行います。

　また，日本の中央当局は，面会交流支援機関を紹介することで，協議，和解，調停及び審判により決定した面会交流の内容を実現するための支援を行います。

### ■参考文献
- 大谷美紀子編著，弁護士法人東京パブリック法律事務所外国人・国際部門著『最新渉外家事事件の実務』223頁〔芝池俊輝＝宮内博史〕
- 芝池＝宮内・前掲237頁
- 渡辺惺之監修，大谷美紀子＝榊原富士子＝中村多美子著『渉外離婚の実務——離婚事件の基礎からハーグ条約まで』203頁〔榊原富士子〕
- 小川富之＝立石直子＝古賀（駒村）絢子「オーストラリアの親権・監護権法制」（棚村政行＝大谷美紀子編「親権・監護権に係る関連法に関する調査」（外務省委託調査）より）9頁

【村上　尚子】

## Q22

### 日本の面会交流制度

　私は，アメリカ国籍で，妻は日本国籍で，娘も日本国籍です。妻と離婚し，妻が娘の親権者となる予定です。離婚後，私と娘との面会交流はどのようになるのでしょうか。

**A**　あなたのケースにおける子との面会交流については，日本法が準拠法となります。したがって，日本法にしたがってあなたと子との面会交流について取り決めることになります。日本の法制度における面会交流と諸外国における面会交流とは制度の内容，考え方が異なるので，注意が必要です。

● ● **解　　説** ● ●

### Ⅰ　準　拠　法

　子の監護権の指定・変更，子の監護に関する処分に関する事件の準拠法については，通則法32条により「親子間の法律関係は，子の本国法が父又は母の本国法（父母の一方が死亡し，又は知れない場合にあっては，他の一方の本国法）と同一である場合には子の本国法により，その他の場合には子の常居所地法による。」と定められています。したがって，本件では，子の本国法が母（妻）の本国法と同一の日本法であることから，日本法が準拠法となります。

　なお，子が重国籍である場合は，通則法38条により，まず，子の本国法を決定した上で（Q3参照），父又は母の本国法が同一であるかを確認します。

### Ⅱ　日本での面会交流の特色

　離婚後又は別居中に子を監護していない親が，子と面会したり電話や手紙などで交流することを面会交流といいます。

136　　第3章　別居・離婚と子

　父母が協議離婚するときは，「父又は母と子との面会及びその他の交流」
について協議で定め，協議が整わないときは，家庭裁判所が定めることに
なっています（民766条1項・2項）。面会交流は，子のための権利であり，面
会交流の実施のためには，「子の利益を最も優先して考慮しなければならな
い」（民766条1項）とされています。

　離婚時又は別居時に父母間で協議をして円滑に面会交流が行われるケース
の場合は問題ありませんが，当事者間で協議ができない場合は，家庭裁判所
に調停・審判を申し立てます（民766条2項）。

## Ⅲ　調停・審判手続

　父母の協議が調わない場合は，家庭裁判所の調停・審判の手続を利用する
ことになります。調停前置主義はとられていませんが，まずは調停を申し立
てるのが一般的であり，審判を申し立てた場合であっても調停手続に付され
ることが多くあります。調停が不成立になった場合は審判に移行します。

　子を監護していない親と子との面会交流を認めるのか，また，認めるとし
ても，どの程度認めるかは子の福祉の観点から判断され，面会交流が子の福
祉に反すると判断される場合は面会交流が制限されます。ここで「子の福
祉」とは，子の年齢，性別，性格，意思，生活環境等，子に与える影響，同
居親の監護養育に与える影響などの諸事情を考慮して判断されます。

　日本では，子に負担がかかるとの理由や，子の習い事・塾の都合が優先さ
れ，面会交流はこれらの子の都合を害さない程度で認めるべき，との考えが
定着しています。また，非監護者の再婚相手，パートナーとの面会はすべき
でない，との約束を取り交わす場合もあります。

　子が15歳以上の場合は，面会交流の可否，頻度，内容について子の陳述を
聞く必要があり（家手152条2項），15歳未満であっても，家庭裁判所は，子の
意思の把握に努めるとされています（家手65条）。実際のところ，10歳前後で
あれば，子の意思を把握し，尊重する傾向にあります。

　父母間で面会交流の調整が困難なケースでは，第三者の立会いによる面会

を試みたり，まずは，手紙・ビデオ・写真の送付等の間接的な面会から開始する，とするケースもあります。

日本での調停や審判で決められる面会交流の頻度，回数としては，おおむね，月に1回から2回と定められることが多く，また，当然に宿泊が認められるわけではなく，協議によって，宿泊を認めるか否か決め，宿泊を認める場合でも，土日の1泊とするケースがほとんどです。

長期休暇（夏休みなど）についても，必ずしも連泊で認めるとはかぎらず，協議によって，連泊を認めるか否かを決めることになります。

単独親権（**Q20**参照）のところでも説明しましたが，日本の法律では，親権者は非親権者の同意を得ることなく，引っ越しをし，子の居所を変更できます。したがって，一度決めた面会交流が子の転居によって履行できなくなるケースもあり，その場合は，改めて子の福祉を考慮して実行可能な面会交流の頻度，内容を協議して決めることになります。

調停手続では，裁判官の判断で家庭裁判所調査官が調停委員会に加わり，調査官の調査が行われる場合があります。父母の意向調査，生活環境調査，子の意向調査，子の生活環境調査などを行います。また，家庭裁判所のプレイルーム（面会交流室）を利用して非監護親と子との試行的面会交流を調査することもあります。調査官は調査を行った後に報告書を作成し，調停での協議の参考にしたり，審判では裁判官はこの調査官調査の結果を参考にして審判決定を行います。

## Ⅳ 面会交流の支援

日本では，面会交流の際の子の引渡しを仲介するなどの支援機関が全ての地域で整っているわけではありません。例えば，FPIC（公益社団法人家庭問題情報センター）などの支援機関がある地域もありますが，そのような支援機関がない地域も多く，父母間で子の引渡しが難しいケースでは，面会交流自体を円滑に行うことが困難となる場合もあります。

特に父母間でドメスティック・バイオレンスがあったケースなど，母親が

面会時に父親と接触することが困難なケースでは，面会交流自体が難しいという場合もあります。このような場合は，面会の仲介をサポートしてくれる人的支援をみつけられるかについても当事者には説明しておくのがいいでしょう。

## Ⅴ　面会交流についての離婚後の取決め・変更

　離婚の際，別居の際に面会交流について取決めをしなかった場合でも，後に面会交流を求めることはできます。父母間で協議をし，協議が調わなかった場合は家庭裁判所に調停・審判の申立てを行います。調停で合意ができない場合は，審判に移行します。

　また，いったん決まった面会交流条項についても，その後の事情の変化により，子の福祉を考慮して面会交流の頻度，内容は変更されることがあります。

## Ⅵ　執行方法・履行の確保

　調停・審判などで面会交流が決まっても，正当な理由がないにもかかわらず監護親が面会交流の履行に応じない場合には，履行を確保する手段として以下の方法が考えられます。

### (1)　履行勧告（家手289条）

　家庭裁判所に申し出て，家庭裁判所が監護親に履行を勧告します。しかし，強制力はないので，それでも応じない監護親に対しては実効性に欠けることになります。

### (2)　再度の調停

　再度調停を申し立てて，改めて面会交流の頻度，内容について協議をします。

### (3)　強制執行

　面会交流は直接強制になじむものではないことから，間接強制により強制

執行を行います。すなわち，一定の賠償金を支払わせることによって心理的に履行を強制する方法です。

　もっとも，面会交流についての調停調書・審判書が執行力ある債務名義（家手75条）として強制執行が可能か，について問題になります。この点，間接強制決定をすることができるかについて具体的な事例を示したものとして，以下の３つの最高裁の判断が参考になります。

　(a)　**最高裁平成25年３月28日決定**（民集67巻３号864頁）　　監護親に対し非監護親が子との面会交流をすることを許さなければならないと命ずる審判において，面会交流の日時又は頻度，各回の面会交流時間の長さ，子の引渡しの方法等が具体的に定められているなど監護親がすべき給付の特定に欠けるところがないといえる場合は，上記審判に基づき監護親に対し間接強制決定をすることができ，本件要領は，監護親がすべき給付の特定に欠けるところはないとして，監護親に対し間接強制を認めた。

　(b)　**最高裁平成25年３月28日決定**（裁判集民事243号261頁）　　監護親に対し非監護親が子と面会交流をすることを許さなければならないと命ずる審判において，面会交流の頻度等につき１か月に２回，土曜日又は日曜日に１回につき６時間とする旨定められているが，子の引渡しの方法については何ら定められていないなど判示の事情の下では，監護親がすべき給付が十分に特定されているとはいえないとして，監護親に対し，間接強制を認めなかった。

　(c)　**最高裁平成25年３月28日決定**（裁判集民事243号271頁）　　非監護親と監護親との間において，非監護親と子が面会交流をすることを定める調停が成立した場合において，調停調書には，監護親がすべき給付が十分に特定されているとはいえないとして，監護親に対し，間接強制を認めなかった。

## Ⅶ　面会交流に関する日本での決定の外国における承認・執行

　日本における面会交流に関する裁判所の決定が，外国において承認・執行されるかについては，当該外国の法制によるので，当該外国の弁護士に相談されるのがよいでしょう。

また，日本にいる子について，日本で面会交流の取決めをした後に，面会交流を求める親がハーグ条約の締約国に居住している場合，ハーグ条約に基づく面会交流の援助申請（日本国面会交流援助申請）をして，援助を受けることができます。

■参考文献
- 渡辺惺之監修，大谷美紀子＝榊原富士子＝中村多美子著『渉外離婚の実務——離婚事件の基礎からハーグ条約まで』265頁〔大谷美紀子〕
- 二宮周平＝榊原富士子『離婚判例ガイド〔第3版〕』235頁

【村上　尚子】

# Q23

## 渉外離婚事件における子の問題の解決のための工夫

国際結婚をした夫婦ですが，離婚に際し，子の問題について話合いの中で注意したり工夫したりしておくことはありますか。

**A** 　子の親権や監護権などに関する考え方は，各国の法制度や家族観により様々です。夫婦の国籍や文化的背景が異なる国際結婚の場合，離婚に際して一方の考え方を他方に押し付けるだけでは平行線のままに終わってしまい，そのまま裁判所で争うと，オール・オア・ナッシングの結論となってしまいかねません。そこで，調停やADR機関のあっせん制度を利用し，話合いによりそれぞれの考え方を尊重した友好的な解決を目指すことで，子の最善の利益にかなった将来的に円滑な監護養育を可能となる場合があります。

● ● 　解　　説　● ●

### Ⅰ　渉外離婚事件における子の監護に対する考え方

国際結婚をした日本人と外国人の夫婦が離婚する場合，親権，監護権，面会交流等の監護に関する問題で大きく対立することがあります。これは，日本法のもとでは別居時に他方親の同意を得ていない子の連れ去りが違法ではなく往々にして行われていること，また，日本法では，離婚後の親権はどちらか一方親の単独親権となるため，離婚後に他方親としては子の監護養育から完全に排除され得ること等から，日本人親にとっては普通のことであっても，外国人親にとっては考えられないという反応になる場合が多いからです。特に，日本よりも男女平等の考え方が進んでいる国では，妻が外で働いて家計に貢献することが求められる一方，夫が子の監護養育に参加するのが普通であると考えられており，子に対する父親の役割・監護養育への参加は，離婚後も尊重されます。

142 第3章 別居・離婚と子

　どちらの主張も，それぞれの国における家族観，文化的背景に基づき築き上げられてきた考え方であり，自国では正しいものとされます。しかし，自国の考えを相手に押し付けるだけでは話合いは平行線となります。そして，そのまま裁判所の判断に委ねてしまうと，一刀両断的な判断がなされてしまい，それではたとえ面会交流が認められても双方当事者に不満が残り，離婚後円滑に実施することが期待できません。そこで，親権や面会交流等の考え方の違いがあることを前提に，どちらの考え方にも配慮した解決をしていくことが，子の監護養育を行う上で重要となってきます。

## Ⅱ　子の問題の解決のための工夫

　親権，監護権，面会交流等の子の監護に関する法制度の違いは，Q18で述べたとおりであり，日本のように単独親権で面会交流の権利性も弱く，親権者の意向に大きく影響される国もあれば，共同親権のもと面会交流は週の半分や長期休暇の半分を非監護親と子との間に認める国もあります。このように子の監護に関する考え方に大きな隔たりがある国際結婚をした夫婦の場合，どちらか一方の考え方のみに依拠した取決めは他方にとって受け入れがたいものとなります。そこで，話合いによりどちらの考え方にも配慮した解決を図ることが望まれます。

　例えば，日本法が適用されて単独親権となる場合であっても，実際の監護において，共同監護的な取決めをしていくことは可能です。非監護親と子との面会交流を隔週週末泊付きにしたり，クリスマス・正月を隔年で双方親族と過ごしたりするなど，面会交流を共同監護的に認めていくことを取り決めることができます。また，子どもの教育や健康状態についての情報開示や，転居等についての協議などを取り決めておくのも，将来における円滑な監護養育が期待できます。ただし，取り決めた内容が守られない場合に，合意内容を強制的に実現できるかについては，限界もありますので，その点についての説明もしておく必要があるでしょう。

　日本では，裁判所での調停手続のほか，ADR機関によるあっせん手続を

利用して，話合いを進めることが可能です。これらあっせん等の手続は，当事者の自主的な話合いが期待され，その結果，オール・オア・ナッシングの結論ではなく状況に応じた柔軟な解決を図ることができます。日本における面会交流等の基準に縛られることなく，2つの国の家族観，文化的背景をもつ子の最善の利益にかなう取決めをしていくことが大切です。

【高瀬　朋子】

144 第3章 別居・離婚と子

# Q24

## 婚外子の親権に関する日本と諸外国の法制度の違い

　私は日本人ですが，ドイツで生活し，その間にドイツ人男性と交際して妊娠・出産しました。私たちは一緒に生活していますが結婚をしていないため，私が子どもの親権者となるのでしょうか。

**A**　日本では，婚外子の親権は母親に帰属しますが，ドイツでは，婚姻関係にない男女の間に生まれた婚外子の親権（「親の配慮」）は，①親としての配慮を共同で引き受ける旨を表示したとき，②親が婚姻したとき，③家庭裁判所が親としての配慮を親共同に委譲したときには，父母の共同配慮とされています。このように，婚外子の親権に関する法制度は必ずしも日本と同じとは限りません。婚外子の場合であっても父親から面会交流を求められたり，共同親権を求められたりすることがあります。

● ● 解　　説 ● ●

Ⅰ　日本における婚外子の親権に関する制度

### (1)　婚外子の親権

　日本では，未成年の子は，父母の婚姻中は原則として父母の共同親権に服しますが（民818条1項・3項），婚姻していない父母から生まれた子（婚外子）は，嫡出でない子として出生届出後は母親の戸籍に入り，母が単独親権者として親権を行使します（民819条4項，戸6条ただし書・52条2項）。

　一方，婚外子の父については，父親の認知がない限り，法律上存在しないことになります。もっとも，認知により法律上の父となった場合でも，当然に子の親権者にはなりません。父母が協議で父を親権者と定めた場合あるいは家庭裁判所で父を親権者と定める審判を受けた場合に限り，父が親権を行使することができるに過ぎません（民819条4項・5項）。

### (2)　事実婚における婚外子の親権

婚外子の親権は，父母が事実婚の状態でも同じであり，婚姻していない以上，実際に夫婦として生活していたとしても，父母が共同で親権を行うことはできず，上記の父を親権者と定めた場合を除き母の単独親権となります。

### (3)　婚外子の親権者の死亡

単独親権者であった母（又は父）が死亡した場合は，「未成年者に対して親権を行う者がないとき」に当たり，未成年後見人が選任されます（民838条1号）。この場合も，生存している一方の親が，直ちに親権者になるわけではありません。もっとも，生存している一方の親が親権者変更又は指定の申立てを行い，その者が親権を行使する方が，未成年後見人を選任するより子の福祉に沿うようなケースでは，民法819条5項を準用して生存している親を親権者として指定した審判例があります（東京家審昭44・5・9判タ248号307頁，静岡家沼津支審平2・3・5家月42巻8号81頁）。

## Ⅱ　諸外国における婚外子の親権に関する制度

このように，日本では婚外子の親権者は自動的に母親となり，父親から共同親権者となることを請求されることはありませんが，諸外国では婚外子の親権に関しては全く異なる取扱いをしているところも多く，日本と同じように考えることはできません。特に，事実婚にも法律婚と同様の保護を認めている国では，婚内子と婚外子で異なるところはなく，父が請求すれば比較的容易に共同親権や共同監護権を認められる場合もあります。

例えば，ドイツでは，1997年の「親子関係法の改正のための法律」で，婚外子という概念が廃止され，婚外子の親権（「親の配慮」）について，父母の配慮表明による共同配慮制度を導入しました。さらに，2013年の改正で，母が共同配慮に反対した場合でも婚外子の父が共同配慮者となることができるように，家庭裁判所が親としての配慮を親共同に委譲したときには，父母の共同配慮となると定められました。その他，フランスやイタリアのように原則として婚外子の親権は認知後共同親権となる国や，アメリカの州によっては法

的に父として確定した場合にのみ父に監護権を認めるところなど，様々な形態があります。それぞれ要件は異なりますが，共同親権制度が採用されている国では，父の申立てにより共同親権となる国が多いようです。

　このように，日本と異なり，父親が婚外子の共同親権，共同監護権を求めてくることも視野に入れておく必要があります。そして，申し立てられた場合には，たとえ婚姻していなかったとしても，共同親権となる場合もあると考えておくとよいでしょう。

【高瀬　朋子】

# Q25

## ハーグ条約(1)——インカミング・ケース

　私と妻はともに日本人ですが，デンマークで結婚しその後もデンマークで暮らしていました。ここ数年夫婦仲はよくありませんでしたが，2週間前に妻が6歳になる子を連れて日本に帰国したまま連絡がとれず，どこにいるかもわかりません。子をデンマークに返して欲しいのですが，どのようにすればいいでしょうか。

**A**　デンマークは国際的な子の奪取の民事上の側面に関する条約（以下「ハーグ条約」といいます）の締約国ですので，国際的な子の奪取の民事上の側面に関する条約の実施に関する法律（以下「ハーグ条約実施法」といいます）に基づいて，中央当局（外務大臣）から子の所在を特定するなどの援助を受けながら（ハーグ条約実施法5条），子どもの返還に向けて任意交渉を行ったり，ADR（裁判外紛争解決手続）又は裁判所での審判手続（ハーグ条約実施法第3章）を利用して，妻に対し子の返還を求めることができます。裁判所の決定により子の返還が命じられたにもかかわらず子の返還を任意に履行しない時には強制執行（ハーグ条約実施法第4章）をすることもできます。

● ● **解　説** ● ●

### Ⅰ　ハーグ条約が適用されるか

#### (1)　ハーグ条約

　1970年代から国境を越えた人の移動や国際結婚が増加するにともない，両親の関係が破綻して一方の親が国境を越えて子を連れ去るケースが増加しました。そこで，ハーグ国際私法会議はこの問題を解決するための統一ルールとして1980年5月にハーグ条約を採択し，同条約は1983年12月に発効しました。

148　第3章　別居・離婚と子

　ハーグ条約は，締約国に対し，連れ去られた子どもを常居所地国に迅速に返還するための手続と国境を隔てて暮らす親子間の面会交流を実現するための手続を設けて，締約国間でその実現に協力すべきことを求めています。日本では，2013年の通常国会においてハーグ条約の締結が承認され，同条約を日本で実施するための「国際的な子の奪取の民事上の側面に関する条約の実施に関する法律」（ハーグ条約実施法）が成立しました。そして，ハーグ条約は2014年4月1日から日本でも発効し，同日にハーグ条約実施法も施行されました。

　したがって，同日以降に国境を越えた連れ去りが日本とハーグ条約の締約国との間で生じた場合には同条約に基づいて子の返還を求められないかを検討することとなります。ハーグ条約の締約国でない場合にはQ27を参照してください。

### (2)　ハーグ条約締約国かの確認

　ハーグ条約締約国は，2019年5月現在イギリス，フランス，カナダ，オーストラリア，デンマーク，韓国，タイ，シンガポール，中国のうち香港とマカオ（中国本土は含みません），ブラジル，トルコ，フィリピンなど100か国となっています（ただし，日本との間では未発効の国も存します）。この情報は外務省のホームページにも掲載されていますが，最新情報はハーグ国際私法会議のホームページで確認することができます。

- ・　外務省ホームページ

　http://www.mofa.go.jp/mofaj/files/000023749.pdf
- ・　ハーグ国際私法会議ホームページ

　http://www.hcch.net/index_en.php?act=states.listing

　本問における子の常居所地国はデンマークであり，同国はハーグ条約の締約国ですのでハーグ条約が適用される可能性があります。

### (3)　ハーグ条約が適用されるためのその他の要件

　ハーグ条約が適用されるためには，①連れ去りの時又は留置(*1)の開始の時に子の常居所地国が上記(2)記載のハーグ条約締約国であったことのほか，②子が16歳に達していないこと，③子が日本国内に所在していること，④常

居所地国の法令によれば連れ去り又は留置が残された親（Left Behind Parent 'LBP'）の監護権を侵害していることという各要件を満たすことが必要です（ハーグ条約実施法27条参照）。このようにハーグ条約の適用には，親や子の国籍は問われません。両親ともに日本国籍である場合，両親ともに外国籍であっても締約国から日本に子どもが連れ去られた場合には適用があります。

　本問では，上記いずれの要件も満たしていますので，ハーグ条約及びハーグ条約実施法が適用され原則として子の返還が認められます。

### (4)　子の返還拒否事由

　もっとも，ハーグ条約実施法は，上記(3)の４つの要件を満たす場合であっても，裁判所は，以下の①から⑥の返還拒否事由のいずれかが認められる場合には，子の返還を命じてはならないと規定しています（ハーグ条約実施法28条１項本文）。すなわち，①子の返還の申立てが連れ去りの時又は留置の開始の時から１年を経過した後にされたものであり，かつ，子が新たな環境に適応していること，②申立人が連れ去りの時又は留置の開始の時に子に対して現実に監護の権利を行使していなかったこと（連れ去り又は留置がなければ申立人が子に対して現実に監護の権利を行使していたと認められる場合を除く），③申立人が連れ去りの前若しくは留置の開始の前にこれに同意し，又は連れ去りの後若しくは留置の開始の後にこれを承諾したこと，④常居所地国に子を返還することによって(＊2)，子の心身に害悪を及ぼすことその他子を耐え難い状況に置くこととなる重大な危険があること(＊3)，⑤子の年齢及び発達の程度に照らして子の意見を考慮することが適当である場合において，子が常居所地国に返還されることを拒んでいること，⑥常居所地国に子を返還することが日本国における人権及び基本的自由の保護に関する基本原則により認められないものであることを抗弁事由として定めています。ただし，裁判所は，①〜③又は⑤の事由がある場合でも，一切の事情を考慮して常居所地国に子を返還することが子の利益に資すると認めるときは，子の返還を命ずることができるとしています（同条項ただし書）。

　本問でも妻が返還拒否事由を主張し，裁判所がこれを認めた場合には，同条項ただし書に該当しない限り子の返還は命じられないこととなります。

150 第3章 別居・離婚と子

## Ⅱ 中央当局による援助

　ハーグ条約は，各締約国が条約上の義務を履行するにあたって中心的な役割を担い，締約国間の協力を推進する機関として中央当局を指定するよう定めており（ハーグ条約6条），わが国では外務大臣を中央当局と指定しています（ハーグ条約実施法3条）。

　外務大臣は，LBPから子の返還を実現するための援助申請（外国返還援助申請）があった時に必要と認められる場合には，子及び子と同居している者の氏名及び住所又は居所を特定するための調査を行います（ハーグ条約実施法5条）。

　また，外務大臣は援助決定を行った場合には，以下のような援助を行います。

①　当事者が協議のあっせん等を希望する場合に当事者間の連絡の仲介，外務省が委託するADR機関の紹介と費用負担（上限あり）

②　弁護士紹介制度の案内

③　子の返還申立事件又は子との面会交流調停（審判）の申立てを行う予定の者又は同各事件の当事者及び参加人が裁判所に提出する証拠書類等の日本語への翻訳支援（上限あり）

④　面会交流の実施に関して同意がある場合に面会交流支援機関の紹介と費用負担（上限あり）

したがって，本問でも子及び妻の所在がわからない場合には中央当局が所在調査を行うほか，希望すれば上記のような援助を受けることができます。


## Ⅲ 子の返還に向けての手続

### (1) 裁判所における手続とADRの選択のポイント

　ハーグ条約においては，両親が合意により友好的な解決を図ることが子の利益に資するとの考えがあります。したがって，当事者間又はADR機関での話合い，子の返還申立事件においても調停や和解による解決をめざすこと

になります。

　ADR と裁判所における子の返還手続は並行して行うことができますが，その選択においては，以下のような点も考慮するとよいでしょう。すなわち，子を連れ帰った親（Taking Parent 'TP'）が，再度子を連れ去る危険があり，これを出国禁止命令・旅券提出命令により防止したいと考える場合には，同命令は子の返還申立事件が係属している場合にしか申立てができませんので，子の返還申立事件を申し立てる必要があります。また，連れ去りから1年が経過しそうになっている場合には，まずは裁判所への返還申立てを行い，ADR はその後に申し立てるべきです（ハーグ条約実施法28条1項1号参照）。さらに，当事者間で利用を希望する ADR 機関が一致しない場合には，ADR を利用することができないので裁判手続を利用することとなります。

　なお，LBP が TP の所在を知らない場合，中央当局が ADR 機関に TP の住所を知らせたり，中央当局から TP に ADR の申立書を郵送することはできませんが，中央当局から TP に連絡をとって，ADR の利用やどこの ADR 機関を希望するかを問い合わせてくれるようです。したがって，LBP は ADR を申し立てる前に中央当局に連絡をとって，TP の意向を確認してもらった方がいいでしょう。中央当局は，当事者の希望が一致すれば，TP に ADR 機関に住所を知らせて申立書を受領するようアドバイスをしてくれるようです。

### (2)　裁判手続による場合

　合意による解決が図れなかった場合，裁判所に子の返還申立事件を提起して子の返還を求めることになります。子の返還命令が出たにもかかわらず，TP が任意に子どもを常居所地国に返還しない場合には，強制執行（＊4）の申立てを行うことができます。

　さらに，強制執行が奏功しなかった場合には，人身保護請求の手続を検討することになります。この点，最高裁第一小法廷平成30年3月15日判決（民集72巻1号17頁）は，「実施法に基づき，拘束者に対して当該子を常居所地国に返還することを命ずる旨の終局決定が確定したにもかかわらず拘束者がこれに従わないまま当該子を監護することにより拘束している場合には，その

監護を解くことが著しく不当であると認められるような特段の事情のない限り，拘束者による当該子に対する拘束は顕著な違法性がある」と判示し子の返還命令に従わない TP による子の拘束について原則的に顕著な違法性を認めました。

## ■注

（＊1）　子が常居所を有する国からの当該子の出国の後において，当該子の当該国への渡航が妨げられていること（ハーグ条約実施法2条4号）。

（＊2）　子の返還命令は，LBP に子を引き渡すよう命じるものではないため，「申立人に子を引き渡すこと」ではなく，「常居所地国に子を返還すること」が子の心身に害悪を及ぼすこと等の重大な危険があることを主張立証しなければなりません。

（＊3）　ハーグ条約実施法28条2項は，④の事由の有無を判断するにあたっては，次の3つの事情その他一切の事情を考慮するものと規定しています。(i)常居所地国において子が申立人から身体に対する暴力その他の心身に有害な影響を及ぼす言動（「暴力等」）を受けるおそれの有無，(ii)相手方及び子が常居所地国に入国した場合に相手方が申立人から子に心理的外傷を与えることとなる暴力等を受けるおそれの有無，(iii)申立人又は相手方が常居所地国において子を監護することが困難な事情の有無。

（＊4）　ハーグ条約実施法に基づく強制執行手続については，代替執行（解放実施）により，子の返還が実現した例がないこと等から，その実効性を確保するため，間接強制の前置を不要としつつ，代替執行の申立てに一定の要件を付加する，子と債務者の同時存在の要件を不要とする等を内容としたハーグ条約実施法の一部を改正する法律（令和元年法律第2号）が2019年5月10日に成立し，原則として公布日である同月17日から1年を超えない範囲内で施行されることになっています。

【本坊　憲緯子】

# Q26

## ハーグ条約(2)──アウトゴーイング・ケース

　私（日本国籍）と夫（外国籍）は日本で8年前に結婚し，その後はずっと日本に住んでいましたが，先日夫が7歳になる長女（二重国籍）を連れて母国（ハーグ条約締約国）に帰国し，どこにいるかわかりません。離婚はしていません。小学校に楽しそうに通っていた長女を一刻も早く日本に連れ戻すためにすぐにでも子の返還を求める裁判を提起したいのですが，どうすればいいでしょうか。

**A**　夫が子を連れ去った国は，ハーグ条約の締約国ということですので，日本の中央当局を通じて子を連れ去った国の中央当局に対して子の返還のための援助申請を行い，子の所在を特定してもらう等の援助を受けることができます。子の返還を求める裁判手続は，子を連れ去られた国で行われますので，当該国の手続に則って進めることになります。日本の弁護士としては，中央当局に対する返還援助申請，当該国の中央当局や弁護士とのやりとり，日本国内に存する証拠収集，当該国内で調停等が成立した場合に日本でも執行力をもたせるために同内容の調停を日本の家庭裁判所で成立させる等の業務を受任して協力することが考えられます。

　子の返還を求める裁判手続では，①子が16歳未満であること，②子が当該国に現に所在していること，③子の連れ去り又は留置が常居所地国の法令によれば申立人の監護権を侵害すること，④子が連れ去られ又は留置される直前に締約国に常居所を有していたことという各要件を主張立証することになります。相手方が，子を日本へ返還すると子が心身に害悪を受け又は他の耐えがたい状況に置かれることになる重大な危険があること（ハーグ条約13条1項ｂ）等の返還拒否事由を主張してくる可能性があれば，反論の準備も同時に進めておくべきです。

154　第3章　別居・離婚と子

## ● ● 解　説 ● ●

### Ⅰ　ハーグ条約が適用されるか

#### (1)　ハーグ条約締約国であるかの確認

　ハーグ条約の概要及びハーグ条約締約国であるかの確認方法は，Q25をご確認ください。本問では夫の母国はハーグ条約の締約国とのことですので，以下の要件を満たすか検討することになります。

#### (2)　ハーグ条約が適用されるためのその他の要件

　ハーグ条約が適用されるためには，子が16歳に達していないこと，子が返還を求める国に現に所在すること，常居所地国の法令によれば連れ去り又は留置が残された親（Left Behind Parent 'LBP'）の監護権を侵害していること，連れ去りの時又は留置の開始の時に子の常居所地国がハーグ条約締約国であったことという各要件を満たすことが必要です。ハーグ条約の適用には，親や子の国籍は問われません。両親ともに日本国籍である場合，両親ともに外国籍であっても締約国から日本に子が連れ去られた場合には適用があります。

　本問では，いずれの要件も満たしていますので，ハーグ条約が適用されます。

### Ⅱ　子を連れ去られた国の中央当局に対する援助申請

　子が連れ去られた国の中央当局は，LBP からの申請に基づき，子の所在の特定や任意の返還に向けた働きかけを子を連れ去った親（Taking Parent 'TP'）に対して行うことになっていますので，LBP はこれらの援助を求めて当該国の中央当局へ援助申請をすることになります[*1]。同申請は，当該国の中央当局に直接行うこともできますが，日本の中央当局に援助申請を行い，これを子が連れ去られた国の中央当局に移送してもらうことができます（ハーグ条約実施法14条）。日本の他に日本語での申請を受け付けている国はありませんので，居住国の中央当局（本件の場合は日本の中央当局）に申請するの

が一般的です。また，日本の中央当局に援助申請を行っておけば，日本の中央当局が，子が連れ去られた国の中央当局との間で連絡調整を行いますので，当該国での手続の概要や弁護士紹介制度の有無・内容なども日本の中央当局を通じて情報収集できると考えられます。また，子が日本へ返還されることになった場合には，日本の中央当局が子の安全な返還のための支援をすることになっています。

　当該国の中央当局において，援助の審査が通れば，子の所在の特定などの援助を受けられることになります。

## Ⅲ　子が連れ去られた国での裁判手続

### (1)　子が連れ去られた国の弁護士への委任

　子の返還の手続を行うのは，子が連れ去られた国の行政機関又は司法機関とされ，ほとんどの締約国は司法機関（裁判所）で手続を行います。前述の中央当局に対する援助申請と子の返還手続の申立ては別の手続ですので，当該国において，援助申請とは別に子の返還手続を申し立てることが必要ですが，その申立てを LBP が行う必要があるのか，当該国の中央当局等が行うのかは，国によって異なりますので，日本の中央当局（外務省）に問い合わせをして確認するのが良いでしょう（オーストラリアでは同国の中央当局が申立人となります）。この場合，LBP 自らが手続を遂行することは困難ですので，当該国の弁護士に手続を委任することになります。弁護士の探し方は，当該国の弁護士とネットワークを有する日本の弁護士を通じて紹介を受けたり，当該国がハーグ条約事件専門弁護士の紹介制度を整えている場合にはその制度を利用することが考えられます。

### (2)　日本の弁護士の受任

　日本の弁護士は，子が連れ去られた国の弁護士資格を有しない限り当該国の裁判手続で代理人業務を行うことはできません。しかし，当該国の裁判手続において，日本国内に存する証拠や日本の法制度，例えば監護権の内容，DV 被害者の保護制度，子の連れ去りに関する刑事制度に関する資料を提出

156 第3章 別居・離婚と子

する必要がある場合にこれら証拠及び資料の収集に協力したり，LBP に代
わって当該国の弁護士とやりとりを行う等の業務を受任することが考えられ
ます。また，当該国の手続において成立した調停等と同じ内容で日本でも執
行力を得たい場合には，日本の裁判所で同じ内容の調停を成立させる業務を
受任することも考えられます。

### (3) 子の返還事由・返還拒否事由の検討と準備

子の返還が認められるための要件は，①子が16歳未満であること，②子が
返還を求める国に現に所在すること，③子の連れ去り又は留置が常居所地国
の法令によれば申立人の監護権を侵害すること，④子が連れ去られ又は留置
される直前に締約国に常居所を有していたこととされており，これらの要件
を満たす場合には原則として子の返還が認められます。③は，日本の民法で
認められる LBP の監護権の内容に基づきハーグ条約上の概念である「監護
権」を侵害しているかを判断します。

本件では離婚しておらず日本の民法では共同親権の状態ですから，他方親
に無断で子を国外に連れ去る行為は監護権の侵害に当たり③の要件も満たし
ます。

子の返還手続は迅速な手続が求められていますので（ハーグ条約11条2項），
TP が抗弁として，子を日本へ返還すると子が心身に害悪を受け又は他の耐
え難い状況に置かれることになる重大な危険があること（ハーグ条約13条1項
b）等を主張してくる可能性がある場合には，反論のための準備も同時に進
めておくべきです。

■注

（＊1） オーストラリアのように子の返還手続の申立人適格が中央当局にある場合，裁判
　　　手続を開始するためには必ず援助申請をする必要がありますが，そうでない国にお
　　　いては必ずしも援助申請をする必要はありません。ただし，援助申請をすることに
　　　よって子の所在特定等の支援をしてもらったり，国によっては法律扶助の要件にな
　　　る場合もあるため一般的には援助申請を行っておくメリットがあると考えられます。

【本坊　憲緯子】

# Q27

## 外国から日本への子の移動に関する留意事項

　私（日本国籍）は，外国人の夫と10年前に外国で結婚し2人の子（二重国籍）をもうけましたが，最近夫婦仲が悪いので8歳と6歳の子らを連れて日本に帰国し，離婚の話合いをしたいと思います。日本に子らを連れて帰国するに当たり留意すべき事項を教えてください。

**A**　子を夫の承諾なく日本に連れて帰国すると，常居所地国の法制度によっては刑事罰に問われたり，常居所地国がハーグ条約の締約国であれば，ハーグ条約に基づく子の返還手続により子を常居所地国に返還することになる場合があります。ハーグ条約締約国でない場合にも夫から日本の裁判所又は常居所地国の裁判所に対して子の監護者指定・子の引渡しに関する裁判手続が申し立てられる可能性があります。監護者指定・子の引渡しに関する証拠は，主に常居所地国にあると想定されますので，この点に関する証拠は帰国前に収集しておく方がよいでしょう。

　また，日本に帰国してから離婚及び親権・監護権について話し合うとのことですが，日本における協議離婚が当該常居所地国において効力を有するのか，当事者間の話合いで解決しなかった場合に日本の裁判所で調停・訴訟を遂行できるのか（国際裁判管轄）は事前に検討しておくべきです。本件では離婚の国際裁判管轄が日本の裁判所に認められない可能性が高いですから，どうしても離婚をしたい場合には，日本で生活しながら常居所地国で法的手続を進める準備（証拠の収集，常居所地国の弁護士への相談）も整えた上で帰国した方がよいでしょう。

158　第3章　別居・離婚と子

●● 解　説 ●●

### Ⅰ　他方親の親権・監護権との関係

　本問では，いまだ離婚も別居もしていない状況のようですので，両親それぞれに子に対する親権・監護権があると考えられます。日本では別居に当たって，子の監護者や面会交流の方法を予め定めておくことは法律上，必要とはされていませんが，国によっては事前の取決めが必要となる国もあり，他方親の同意なく子を日本に連れ帰ると刑事罰に問われる場合があります。当該外国で逮捕状が出ていると当該外国に入国した場合に逮捕されることがあるほか，逮捕状が国際的に執行されると他の外国で逮捕されることもあり得ます。したがって，日本と同じような感覚で安易に子を連れて別居することにはリスクがあるため，常居所地国の専門家に他方親の同意なしに子を連れ帰った場合のリスクについて助言を求めておくべきです。

### Ⅱ　子の常居所地国がハーグ条約締約国であった場合

　常居所地国がハーグ条約締約国であった場合に，夫の同意なく子らを連れて日本へ帰国すれば，本問ではハーグ条約の適用要件である①子が16歳未満であること，②子が連れ去られ又は留置される直前に締約国に常居所を有していたこと，③子の連れ去り又は留置が常居所地国の法令によれば申立人の監護権を侵害すること，④子が返還を求める国に現に所在することという要件を満たすと考えられます。したがって，夫からハーグ条約に基づく子の返還命令の申立てがなされれば，原則として子を常居所地国に返還しなければなりません（**Q25**参照）。

### Ⅲ　子の常居所地国がハーグ条約締約国でなかった場合

　常居所地国がハーグ条約の締約国ではない場合に夫の同意なく子らを連れ

て日本に帰国すれば，子らの住所が日本にあるとして夫から日本の裁判所に
監護者指定と子の引渡しを求める審判の申立てがなされる可能性があります。
ただし，外国人の親は日本の裁判所で離婚・親権・監護権の裁判を行うこと
に強い抵抗感を有していることが多いため，常居所地国の裁判所に離婚及び
子の監護者指定・子の引渡しの裁判を求める選択をする場合が多いようです。
なお，後者の場合には妻が日本で適式な送達を受けなければ，外国判決の
承認のための要件を欠くことになり，日本法上承認されないことになります
（民訴118条2号）。

　したがって，適式でない送達がされた訴状・申立書を受け取った場合には，
応訴すると後日送達の有効性を争えなくなるため，応訴するかどうかは当事
者にこの点を説明の上慎重に判断してもらうとよいでしょう（Q13参照）。

## Ⅳ　日本における離婚の手続

### (1)　協議離婚

　日本に帰国後に離婚の話合いをしたいとのことですが，日本法に基づく協
議離婚をするためには，離婚の準拠法が日本法でなければなりません。この
点は通則法27条，25条に規定されており，日本国籍である妻の常居所地が日
本であるということができれば準拠法は日本法となります。この点について
はQ3を参照してください。

　次に，日本法上の協議離婚が成立したとしても当該常居所地国においてそ
の協議離婚が有効と認められるとは限りません。したがって，妻が日本国内
で離婚が有効とされれば足りると考えている場合でない限り，日本法上の協
議離婚が当該外国においても有効と認められるかを調査する必要があります
（Q5参照）。

### (2)　離婚の国際裁判管轄

　協議離婚ができない場合又は日本法上の協議離婚が当該常居所地国で有効
と認められない場合には，日本の裁判所で離婚の手続を申し立てることがで
きるかを検討することになります。離婚の国際裁判管轄についてはこれまで

明文の規定がなく，判例に基づき被告が日本に住所を有する場合に日本に国際裁判管轄が認められることを原則とし，例外的に被告が原告を遺棄した場合，被告が行方不明の場合，その他これに準じる場合には被告が日本に住所を有しない場合でも日本にも国際裁判管轄があると解されてきました（最〔大〕判昭39・3・25民集18巻3号486頁，Ｑ2参照）。しかし，平成30年4月に人事訴訟法等の一部を改正する法律により明文化され，同改正法は平成31年4月1日から施行されました。同改正法では，日本の裁判所に離婚の国際裁判管轄が認められる場合として

① 被告の住所が日本国内にあるとき（人訴3条の2第1号）

② その夫婦が共に日本の国籍を有するとき（同条5号）

③ その夫婦の最後の共通の住所が日本国内にあり，かつ原告の住所が日本国内にあるとき（同条6号）

④ 原告の住所が日本国内にあり，かつ，被告が行方不明であるときなど日本の裁判所が審理及び裁判をすることが当事者間の衡平を図り，又は適正かつ迅速な審理の実現を確保することとなる特別の事情があるとき（同条7号）

などを定めています。本問では，外国人の夫は外国に居住しており，妻が夫婦の共通の住所地である外国から子を連れて日本に帰国して別居するという事案ですので，上記①〜④のいずれにも該当せず，国際裁判管轄が認められる可能性は低いといわざるを得ません。

　したがって，夫から日本の裁判所に離婚手続が申し立てられるような場合でない限り，日本の裁判所で離婚手続を進めることは難しいため，日本で生活しながら常居所地国で離婚の裁判手続を進めるための準備（証拠の収集，常居所地国の弁護士への相談等）を帰国前に整えておくのが望ましいです。特に離婚や監護権に関する証拠は常居所地国に存在すると想定されますので，できるだけ証拠を収集しておくとよいでしょう。

【本坊　憲緯子】

# Q28

## 日本から外国への子の移動に関する留意事項

　元妻（日本国籍）とは6年前に日本で結婚し，その後日本で生活していましたが，昨年調停離婚しました。調停では私が5歳の娘（二重国籍）の単独親権者となり，元妻には娘との面会交流を認めていますが，私が娘を連れて母国に帰国する際に留意すべき事項があれば教えてください。

**A**　日本の民法で単独親権者となっている場合，親権者に子の居所指定権があり，子を国外に連れ出すことについて他方親の同意は必要ありません。ただし，調停において子を国外に移動する時には他方親の同意を要するという条項を定めた場合には，他方親の同意を得る必要があります。このような条項がある場合であなたの母国がハーグ条約締約国であれば，ハーグ条約に基づき子を日本に返還しなければならない可能性があります。

●　●　解　　説　●　●

### Ⅰ　親権・監護権の内容

　離婚時に両親及び子がいずれも日本に居住し，日本で調停を行ったということですので，親権者指定に関する準拠法は日本法であったと考えられます（通則法32条・38条1項ただし書）。民法における親権者には子の居所指定権があり，単独親権者が子を国外に連れ出すことについて他方親の同意は必要とされていませんので，通常子を日本国外に移動させるにあたって，留意すべき事項はありません。

### Ⅱ　ハーグ条約適用の可能性

　上記のとおり単独親権者は他方親の同意を得ずに子を国外に連れ出すこ

とができますので，父親の母国がハーグ条約締約国であっても，ハーグ条約の適用要件である「子の連れ去り又は留置が常居所地国の法令によれば申立人の監護権を侵害すること」（ハーグ条約実施法27条3号）には該当しません（ハーグ条約の適用要件についてはQ25参照）。ただし，離婚調停において，子を国外に連れ出す時には他方親の同意を得ることという条項を定めた場合には，ハーグ条約が適用され子の返還が命じられる可能性があります。なぜなら，上記の「監護権の侵害」という要件については，日本の民法で認められる監護権の内容に基づきハーグ条約上の概念である「監護権」を侵害しているかを判断することになりますが，ハーグ条約上の「監護権」には居所指定権を含むとされており（ハーグ条約5条a），諸外国の判例では，残された親（Left Behind Parent）が子の常居所地国の法令上単独親権を有していたとしても，子を国外に連れ出すに当たって他方親の同意を得ることが必要となっている場合には，他方親が有する子の国外移動についての拒否権がハーグ条約上の監護権に当たるという解釈がほぼ確立しているからです[*1]。この点，本問のようなケースについて，子の連れ去り先の国の裁判所が判断を示した例は今のところ見当たりませんが，調停条項で定められた他方親の同意権をハーグ条約上の「監護権」にあたるかどうかを判断するのは，当該国の裁判所ですので，注意が必要です。

　したがって，このような条項が定められている場合には，事前に他方親の同意を得るか，単に同意を得ることが困難な場合には国外に転居した後の面会交流の方法等を提案して同意を得られるよう努めることになります。それでも同意を得られない場合には，離婚調停における子を国外に連れ出す場合には非親権者の同意を要するとする条項を変更するための，調停又は審判を改めて申し立てることが必要になります。

■注
（＊1）　大谷美紀子監修，外国人ローヤリングネットワーク編『Q＆A渉外家事ケーススタディ——離婚・子ども・ハーグ事案の実務』197頁〔尾形繭子〕。

【本坊　憲緯子】

# Q29

## 国境を越えたリロケーション（転居）

　私（日本国籍）と外国籍の元夫は，夫の母国で結婚して生活していましたが，1年前に離婚し，10歳と7歳の子は現在は平日は私と生活し，毎週末は父親と過ごすことになっています。しかし，私は日本で条件のよい就職先が見つかったので2人の子を連れて日本に帰国したいと思いますが，適法に子らを連れて帰るにはどうすればいいでしょうか。

**A**　国によっては，別居や離婚に当たって，子の監護者，居所，面会交流の方法等について取り決めた後に監護親が子を連れて移動する場合には，移動につき非監護親又は共同監護権を持つ他方親の同意を得る必要があり，同意を得られない場合には「リロケーション（転居）」の許可を裁判所で得る必要があります。

　また，常居所地国がハーグ条約の締約国であれば，監護権を有する他方親の同意を得ずに子を日本に連れ帰るとハーグ条約に基づき原則として子を返還しなければならないことになります。

● ● 　解　　説　 ● ●

## Ⅰ　リロケーション（転居）の同意又は裁判所の許可

　国によっては，別居や離婚に当たって子の監護者，居所，面会交流の方法等を取り決めた後に，監護親が就職や再婚等のために子を連れて州や国を超えて移動する場合には，非監護親又は共同監護権をもつ他方親の同意を得る必要があり，同意を得られない場合には裁判所で「リロケーション」の許可を得る必要があることが少なくありません。これは，子が双方の親と交流を継続できる環境を確保することを目的としています。このような国において事前に他方親の同意又は裁判所での許可を得ずに子を移動をすると，監護権

164 第3章 別居・離婚と子

の喪失や刑事罰に問われる場合もあります。

　転居に当たって相手方の同意又は裁判所による許可を得る必要があるのか，許可が認められる基準がどうなっているのか等は国によって異なりますので，当該国の弁護士にアドバイスを受ける必要があります。

　また，リロケーションの同意や裁判所の許可が必要とされていない国であっても，別居や離婚に当たり国境を越えて子を移動させる際に相手方の同意を必要とする裁判所の判決や命令（合意に基づく命令を含む）が存する場合には，そのような判決や命令を変更するための裁判手続を要することも考えられますので，やはり当該国の弁護士にアドバイスを受けた方がよいでしょう（Q28参照）。

## Ⅱ　子の常居所地国がハーグ条約締約国の場合

　子を連れて帰る日本はハーグ条約の締約国ですので，①子が連れ去られ又は留置される直前に締約国に常居所を有していたこと，②子が16歳未満であること，③子の連れ去り又は留置が常居所地国の法令によれば申立人の監護権を侵害すること，④子が返還を求める国に現に所在すること，という各要件を満たす場合には，原則として子の返還が認められます。③については，常居所地国の法令で認められている残された親（Left Behind Parent）が有する監護権の内容に基づいてハーグ条約上の概念である「監護権」を侵害しているかを判断するところ（ハーグ条約実施法27条3号），ハーグ条約上の「監護権」には居所指定権を含むとされています（ハーグ条約5条a）。本件では，「毎週末は父親と過ごすことになっている」とのことですが，父親が単に面会交流権を有しているに過ぎない場合には，ハーグ条約上の概念である「監護権」を有していることにはならないため，父親の同意なく日本に連れ帰っても③の要件を満たさないことになります。仮に父親が子の居所指定権も有する場合には，父親の同意がないまま子を日本に連れ帰ると，父の監護権を侵害するとして③の要件を満たすことになります。

　よって，父親にハーグ条約上の監護権がある場合には，ハーグ条約に基づ

いて子の返還が命じられる可能性がありますので，帰国前に父親の同意を得るか，常居所地国にてリロケーションの許可を裁判所で得ることを検討する必要があります。

【本坊　憲緯子】

# Q30

## ミラー・オーダー

私は日本人で，オーストラリア人の夫とオーストラリアで離婚が成立し，この度子を連れて日本に帰国しようと思っています。夫は帰国に同意してくれていますが，帰国の条件として，夫との面会交流についてオーストラリアの裁判所で定められた内容を日本においても確実に実行できるように，日本の裁判所で同じ内容の命令をもらうことを求められました。日本の裁判所でオーストラリアの裁判所が出した命令と同様の決定をしてもらうことはできますか。

**A** 日本には，他国の裁判所で出された判決や命令の内容を反映する判決・命令（ミラー・オーダー）という制度はなく，日本の裁判所でオーストラリアの裁判所が出した判決や命令を反映した判決や命令を出してもらうことはできません。この場合，オーストラリアの裁判所が定めた内容と同じ内容で，日本の家庭裁判所の調停として成立させることが代替方法として考えられます。

●●  解  説  ●●

## I ミラー・オーダー

ミラー・オーダーとは，A国の裁判所で出された判決や命令の内容を，B国の裁判所で鏡のように反映した判決や命令のことをいいます。例えば，ハーグ条約に基づき子の返還を求めた場合，返還を命じる国の裁判所が出した判決や命令の内容を反映した判決や命令を，返還を受ける側の国（子の常居所地国）の裁判所で受けておくと，同国においても同じ内容で法的に当事者を拘束することができるため，実効性を確保することができます。

返還を命じる国の裁判所が出す判決や命令には，返還の有無のみならず，

監護養育，面会交流に関する取決めから金銭的支援についての取決め，刑事訴追をしないことなど詳細にわたって決められることがあります。それらは，むしろ子が帰国（転居）した後に必要となってくる事柄であり，帰国（転居）先の国においても法的効力を有することは非常に重要となってきます。

さらに，国際リロケーションや一時帰国が必要となった場合に，裁判所において，いつ元の居住国に戻ってくるのかを定めたり，転居先や一時帰国先における面会交流の条件などを取り決めることが考えられ，それと同じ内容の判決や命令（ミラー・オーダー）を転居先や一時帰国先の国でとることが求められることもあります。

このように，ミラー・オーダーの取得は，取決めの実効性を高める方法として有益なものといえます。

## Ⅱ 日本における制度

日本では，裁判所において，他国の判決や命令をそのまま反映するミラー・オーダーは認められていません。

しかし，代替方法として，日本の家庭裁判所において調停を申し立て，他国の裁判所が出した判決や命令と同一の内容で合意して調停を成立させることで，同判決や命令の内容に日本においても法的効力をもたせることが可能です。もちろん，日本の家庭裁判所が調停条項として受け入れ可能な内容である必要はありますが，判決や審判より多様な条件を調停条項として盛り込むことができますので，他国で定めた詳細な条件を反映させやすいと思われます。

## Ⅲ 調停申立て時の注意点

他国の判決や命令の内容を反映させるために日本の家庭裁判所において調停を申し立てる場合，通常の国内事案と異なり，以下のような注意が必要となります。

## (1) 相手方の期日出頭の必要性

　現在の実務では，日本の家庭裁判所における調停期日は，約1か月に1回のペースで開催されます。既に合意ができているといっても，調停期日が1回で終わるとは限らないことから，外国に住む当事者が1か月後に再度来日しなければならなくなる場合もあります。そのため，外国に住む当事者は，日本で代理人を依頼して期日の出頭を確保するか，事前に裁判所と相談して同当事者の日本での滞在期間を説明しておき，また，可能な限り1回の出頭で済むように他方当事者，裁判所と予め合意内容の確認などを済ませておくなどの対策が必要です。

## (2) 日本の裁判所への事前説明

　日本の家庭裁判所に調停を申し立てる際には，事前に当該裁判所に連絡をとり，他国の判決や命令があること，その内容を日本の裁判所で調停調書にすることの可否を確認しておきます。そうすることで，調停期日に確認すべき事項が明らかになり，調停の進行がスムーズになります。前述の期日の調整も重要です。

　また，他国における面会交流の条項は，細部にわたって具体的に取り決めることが少なくなく，また，用いられている概念が日本法にはなかったり，日本法の下で合意可能な内容かの検討が必要な場合もあります。そのため，事前に具体的な日本語の調停条項案を準備して裁判所に確認してもらっておくことも必要です。その際，当該条項が日本において執行可能か否かも注意しておきましょう。

## (3) 通訳の要否の確認

　日本語を話すことができない当事者が調停に出頭することになった場合，通訳の要否について検討することが必要となります。比較的大きな規模の裁判所では，英語の使用が可能な調停委員が所属していることがありますが，必ずそのような調停委員に当たるとは限りません。また，英語以外の言語を母語とする当事者の場合もありますので，それらの場合は調停期日において通訳の利用を検討する必要が生じます。審問等と異なり調停では，代理人がその依頼者の使用する言語を話せる場合は，代理人がそのまま通訳をするこ

とも可能ですが，別途通訳人をつける場合に通訳人が調停の席に入ることなども事前に裁判所に確認しておくとよいでしょう。

【高瀬　朋子】

# Q31

## 子の監護の国際裁判管轄・準拠法・承認執行

日本人の母親とイギリス人の父親で子が1人います。離婚後，母親と子がイギリスから日本に戻ってきました。子は日本とイギリスの二重国籍です。この度，イギリスに残った父親が子の面会交流を求めてきていますが，この場合，日本の裁判所に申立てをすることはできますか。

仮にイギリスで判断される場合，イギリスの法律に従って定められるのでしょうか。また，イギリスの裁判所で出された決定は日本でも有効となりますか。

**A** 面会交流は，子の監護に関する処分と位置付けられており，面会交流の申立てについては離婚の附帯処分として申し立てる場合は，離婚の裁判管轄が日本の裁判所に認められる場合は，日本の裁判所に管轄権が認められ（改正人訴3条の4第1項），離婚とは別に申し立てる場合は，子の住所が日本にあるときは日本の裁判所に国際裁判管轄権が認められます（改正家手3条の8）。したがって，本問では子の住所が日本国内にあると認められれば日本の裁判所で手続を行うことができますが，イギリスが子の住所地国と認められた場合は夫が日本の裁判所で調停手続を行うことに合意して，合意管轄に基づき調停手続を行うのでない限り，日本の裁判所に国際裁判管轄は認められず，イギリスの裁判所で手続を行わざるを得ないことになります。また，準拠法については，面会交流のように監護権の内容に関する事項は，親子間の法律関係であるとされており，面会交流が日本の裁判所で判断される場合，通則法32条，38条に基づき定められ，日本法のみとなります。一方，イギリスで判断される場合には，イギリスのルールに従って準拠法が定められます。そして，イギリスの裁判所で出された決定が日本において有効とされるためには，民事訴訟法118条の要件を満たすことが必要となります。

## ●● 解　説 ●●

### Ⅰ　子の監護に関する国際裁判管轄

#### (1)　子の監護に関する事件の国際裁判管轄の考え方

　子の監護に関する事件の申立てを日本の裁判所において行えるか否かは，同事件の国際裁判管轄の問題となります。子の監護に関する事件の国際裁判管轄は，離婚の附帯処分として離婚の請求と一緒に申立てを行う場合なのか，離婚後面会交流のみを請求する場合のように離婚とは別に子の監護に関する事件について申立てをする場合なのかによって，取扱いが異なってきます。

#### (2)　離婚の請求とともに申立てを行う場合

　子の監護に関する事件は，親権者の指定，監護者の指定，養育費，面会交流など，離婚の請求とともに申立てをされる場合が多くあります。この場合，離婚や財産分与と子の監護に関する事件が一緒に申し立てられているだけですので，本来はそれぞれの国際裁判管轄を考えなければなりません。しかし，人事訴訟法等の一部を改正する法律では，最も中心的な離婚請求について日本の裁判所に国際裁判管轄が認められれば，これに付随する子の監護に関する事件についても日本の裁判所に管轄が認められています（改正人訴3条の4第1項）。ただし，当該子の利益その他の事情を考慮して，日本の裁判所が審理・裁判することが，当事者間の衡平を害したり，適正かつ迅速な審理の実現の妨げとなったりするなど特別な事情が認められるときは，3条の4第1項に対する例外として，子の監護に関する事件を離婚請求の国際裁判管轄と切り離して日本の裁判所に管轄が認められない場合があります（改正人訴3条の5）。

　そして，Q2で説明されているとおり，離婚の国際裁判管轄の場合，日本では被告の住所が日本にあるとき（改正人訴3条の2第1号），当事者双方が日本人であるとき（同5号），原告の住所が日本にあり，かつ，当事者の最後の共通の住所が日本にあるとき（同6号），その他特別の事情が認められるとき（同7号）は，日本の裁判所に管轄権が認められると規定されていることから，

例えば日本に妻と子が居住し，外国に夫が居住している夫婦でこれまで当該
外国に居住していたような場合，妻から離婚を請求するときは，子の監護に
関しても基本的には日本の裁判所に国際裁判管轄は認められないことになり
ます。この場合に当該外国の裁判所に離婚や子の監護に関する事件について
管轄があるかどうかは，その国の国際裁判管轄の規定に従って判断されるこ
とになります。

### (3) 離婚の請求とは別に申立てを行う場合

　本問のように，離婚とは別に子の監護に関する申立てをする場合，子の監
護に関する国際裁判管轄は，子の福祉の観点から子の住所地国の裁判所に認
められています（改正家手3条の8）。

　この国際裁判管轄を決定する基準として，どのような場合に子の「住所
地」と認められるのかが問題となる場合があります。問題となった事案とし
て，アメリカから子を連れて一時帰国をした母親がアメリカに帰らずに日本
に留まった事案で，子の住所地又は常居所地が日本にないとされた決定例が
あります（東京高決平20・9・16家月61巻11号63頁）。この決定例では，子の住民
登録は日本にあり保育園にも通園していたにもかかわらず日本の国際裁判管
轄が否定されており，これに対しては賛否両論があるところ，この決定例に
より「住所地」の基準が明確になったとはいえませんが，このような決定例
があることにも留意しておく必要はあります。

　住所の概念については，Q2も参照してください。

## Ⅱ　子の監護に関する準拠法

　通則法32条は，親子間の法律関係について，子の本国法が父又は母の本国
法と同一である場合，あるいは，父母の一方が死亡し又は知れないときで，
他方の本国法と子の本国法が同一である場合は，子の本国法によると定め，
それ以外の場合は，子の常居所地法によるとしています。そして，本問のよ
うに，当事者に2つ以上の国籍を有する者がいる場合には，同法38条1項に
規定があり，どの国を当該当事者の本国法とするかが定められています。た

だし，その国籍のうちのいずれかが日本の場合，日本法が本国法となります（同項ただし書）。

　本問では，子の国籍が日本とイギリスの二重国籍となっていますので，まず通則法38条1項ただし書で，当該子の本国法は日本法ということになります。そして，母親の本国法も日本法ですので，同法32条によって，本問の準拠法は日本法となります（Q3参照）。

　なお，通則法では離婚と親子間の法律関係は異なる規定の仕方となっているため，離婚請求の附帯処分として子の監護に関する事件を申し立てた場合でも，離婚の請求と必ずしも同じ法律が適用されるとは限りませんので，注意が必要です。

　一方，日本の裁判所に国際裁判管轄が認められず，外国の裁判所で子の監護に関する手続が行われる場合，当該外国のルールに従って準拠法が定められます。その結果，当該外国の法律で判断される場合には，その国の監護権の考え方によって大きく影響されることになります。

## Ⅲ　子の監護に関する外国裁判所の決定の日本における承認執行

　例えば，本問のように母親が子を日本に連れ帰った場合などで，当該外国の裁判所で父親の監護権が認められる決定が出ているときに，父親が子の引渡請求や監護者指定等の申立てを日本の裁判所で行うには，当該外国の決定が日本においても有効であることが必要となります。そこで，日本の裁判所において，そのような外国裁判所の決定が日本において承認されるかどうかが判断されますが，子の監護に関する事件においても，当該外国裁判所の決定について民事訴訟法118条の要件の充足の有無により判断されています。同条は「確定判決」についての規定ですが，改正後の家事事件手続法79条の2により，外国裁判所の確定した面会交流や養育費等に関する非訟事件裁判などにも適用されます。したがって，上記のように父親の監護権が認められた外国判決が日本において承認されるためには，管轄要件，送達の要件などを満たしていることが必要となります。

174　第3章　別居・離婚と子

　なお，外国の裁判所で手続が係属しているにもかかわらず，その判決が出る前に一方の親が子を日本に連れ帰ったような場合に，日本への連れ帰り後に残された親に単独親権や単独監護権を認める決定がその外国裁判所においてされることがあります。この場合，親権者や監護権者を指定できるだけの十分な調査や審理がなされないまま判断されたものとして，日本の裁判所において民事訴訟法118条3号の公序良俗違反に該当すると主張される可能性があります。また，父親への子の引渡しを命じた米国テキサス州の裁判所の判決を，子が日本に居住後4年以上も経って執行することは，公序良俗違反として，承認・執行を認めなかった判例もあります（東京高判平5・11・15高民集46巻3号98頁）。

## Ⅳ　子の監護に関する日本の裁判所の決定の外国における承認執行

　子の監護に関する決定が日本の裁判所で出された場合で，その後何らかの理由で子が日本国外に出ることになった場合，子がその後居住する外国で日本の決定が承認執行されるかどうかは，当該外国の規定によって判断されます。したがって，当該外国の規定を調査したり，現地の家族法弁護士（できれば渉外事案に詳しい弁護士）に相談をしたりして，当該外国においても日本の決定が承認されるかどうか，執行が可能かどうかを確認する必要があります。日本の民事訴訟法118条の規定と同様に，外国判決の承認に訴訟開始時の送達の要件を満たしているかどうかや管轄権，公序良俗に違反していないことなど一定の要件を定めている国が多く，現地の弁護士とよく相談することが重要です。例えば，日本の裁判所で出された判決について，被告に対する送達が公示送達の方法によっていた場合，当該外国の裁判所においてその日本の判決が承認されない可能性があります。送達の問題については，Q9に詳しい説明があります。

【高瀬　朋子】

# Q32

## 養育費の国際裁判管轄・準拠法・承認執行

　Q31の事例で，日本人の母親がイギリスにいるイギリス人の父親に対して養育費を請求したいと考えています。日本の裁判所において養育費を請求することはできますか。その際適用される法律は，日本法となるのでしょうか。また，日本の裁判所で出された決定で，イギリスにあるイギリス人の父親の財産を差し押さえることはできますか。

**A**　日本で養育費の請求をする場合，養育費の国際裁判管轄権が日本にあることが前提となります。本問では，権利者である子の住所が日本にあると認められれば，日本の裁判所での手続が可能です。また，日本で養育費を認める判断が出された場合，イギリスにある義務者の財産から回収することも可能です。ただし，日本の裁判所で請求する場合には，外国にいる相手方への送達に費用や時間がかかったり，日本の裁判所が認めた決定をもとに外国にある財産から回収を図る場合は，当該国の裁判所が日本の裁判所の決定を承認する手続が必要となったりと，請求者の負担が大きくなることが予想されますので，任意の支払が期待できないような場合は，どちらの国で手続をするか慎重に検討する必要があります。

● ● **解　説** ● ●

## Ⅰ　養育費に関する国際裁判管轄

### (1)　養育費に関する事件の国際裁判管轄の考え方

　養育費の請求や養育費の減額・増額の請求は，親子関係から生ずる扶養義務の問題として，権利者を子，義務者を相手方として扶養に関する事件の国際裁判管轄として判断されます。もっとも，日本では，子の監護に関する国際裁判管轄と同じく養育費も，離婚の請求とともに申立てを行う場合と，離

176　第3章　別居・離婚と子

婚の請求とは別に申立てを行う場合に分けて考えます。

### ⑵　離婚の請求とともに申立てを行う場合

　離婚請求と一緒に申立てをする場合，Q31の子の監護に関する事件と同じ
く，離婚請求について日本の裁判所に国際裁判管轄が認められる場合，養育
費についても日本の裁判所に管轄が認められることになります（改正人訴3条
の4第1項）。

### ⑶　離婚の請求とは別に申立てを行う場合

　離婚後に養育費を請求するような場合は，親子の関係から生ずる扶養義務
に関する審判事件として，国際裁判管轄を考えます（改正家手3条の10）。こ
の場合，義務者である相手方の住所又は，権利者であって申立人である子の
監護者又は子の住所が日本国内にあるときは，日本の裁判所に管轄権が認め
られます。相手方の住所のみならず，子（又は子の監護者）の住所も考慮され
ているのは，養育費が権利者である子の生活の扶助を目的としていることや，
子の住所地国の裁判所は当該子の生活実態を調査しやすいという観点からも
合理的な取扱いといえるでしょう。

　もっとも，人訴法改正前の事案ですが，日本で交際を始めた日本人の男女
で，その後女性が子を連れてアメリカに渡った後アメリカの裁判所で養育費
を求めた事案で，アメリカの裁判所で出された判決の日本での承認が争われ
ましたが，日本の裁判所は，アメリカで養育費を求めた事情が，扶養義務者
にかかわる事情にあるのではなく，未成熟子の監護者である扶養権利者にか
かわる事情にあるとして，その場合には条理上義務者の住所地国である日本
の裁判所に裁判管轄を認め，アメリカの裁判所の裁判管轄を認めなかった判
例があります（東京高判平9・9・18判時1630号62頁）。

　本問では，子の住所が日本にあると認められれば，日本の裁判所にも国際
裁判管轄が認められることになります。住所の概念については，Q2を参照
してください。

　なお，義務者が「申立人」となる養育費の減額請求などの審判事件につい
ては，義務者の住所地国に管轄は認められませんので，注意が必要です。

## Ⅱ 養育費に関する準拠法

　扶養義務の問題については，通則法の適用はなく（通則法43条１項），「扶養義務の準拠法に関する法律」に従って準拠法が決まります。養育費という子の扶養の場合は，同法２条により，まずは扶養権利者の常居所地法によって定められます（同条１項本文）。扶養権利者の常居所地法によると扶養が受けられない場合は，扶養権利者・扶養義務者の共通本国法となり，さらに共通本国法によっても扶養を受けられないときは，日本法が準拠法となります（同条２項）。これは，扶養権利者が扶養を受ける機会をできるだけ増やして扶養権利者を保護しようという趣旨からきています。

　ここでいう「扶養を受けることができないとき」とは，当該国の法律上扶養を受けることができないことをいい，扶養義務者に資力がないために扶養を受けることができないなど事実上扶養を受けることができない場合は含まれないとされています。

　なお，扶養義務の有無を判断する前提として生じる親子関係があるか否かという問題は，先決問題として，親子間の法律関係（通則法32条）に基づくことになります。

　これにより，日本法の適用を受けることになれば，国内事案と同様に養育費の算定等が行われます。一方，外国法が準拠法となる場合，成年に達する年齢が日本とは異なることも多いことから，確認が必要です。

　ところで，渉外家事事件では，子や非監護親が外国に居住している場合もあります。日本の家庭裁判所では，養育費の算定に養育費・婚姻費用算定表を用いることがありますが，これは扶養権利者及び義務者の双方が日本で生活をすることを前提として日本の物価をもとに算定されています。したがって，仮に当事者の一方が日本の物価と大きく隔たる物価の国にいる場合に，同算定表を用いて算出できるかという問題が生じます。

　この点，日本にいる扶養権利者である子がタイ国に居住する扶養義務者である父親に対して日本の裁判所で養育費の請求をした事件で，父親がタイ国で内妻及び内妻との間の子２人を扶養していたところ，その生活費指数を

178　第3章　別居・離婚と子

「タイ国の物価が日本に比べて格段に安いことは公知の事実であり，タイ国では，日本の半額程度の費用で生活することが可能であると推認される。」として，扶養義務者の居住する国の物価を考慮した判例があります（大阪高判平18・7・31家月59巻6号44頁）。

　このように，当事者の一方が日本と物価水準の違う国にいる場合は，上記算定表をそのまま使うことができない場合もありますので，注意が必要です。必要に応じて，その国の物価に関する資料等を適宜準備しておくなどに努めましょう。

## Ⅲ　養育費に関する外国裁判所の決定の日本における承認執行

　養育費の支払について，本問で例えばイギリスにいる間に養育費の請求をイギリスの裁判所において行った場合や，イギリスにいる扶養義務者がイギリスの裁判所で一度決まった養育費の減額の請求を行った場合に，イギリスの裁判所の決定を日本において承認・執行ができるかという問題があります（なお，前述したとおり，義務者が申し立てた減額請求の場合には義務者の住所地管轄は認められていません）。

　この場合も，子の監護に関する外国裁判所の決定の日本における承認・執行と同じで，外国の裁判所で出された当該決定が民事訴訟法118条の要件を満たしているかどうかで日本において承認されるかどうかが決まります（改正家手79条の2）。養育費に関する外国裁判所決定の日本での承認に関する判例としては，前掲のアメリカでの国際裁判管轄が認められず同条1号の管轄の要件を欠くとした判例のほか，アメリカで居住していた日本人夫婦がアメリカの裁判所で定められた月額1万ドルの離婚後扶養の判決について，「当事者の常居所が判決の前提とする土地からわが国に変わり，当該判決の内容が我が国の法律の定める内容と大きく隔たるものであるときは，当該外国判決の内容どおりとしても障害が生じないという特別の事情があるのでない限り，その判決の内容は，我が国の公序に反するものと解するのが相当である。」としたものがあります（東京高判平13・2・8判タ1059号232頁）。また，外

国裁判所の判決文の中で，日本で認められていない回収方法（執行手続を経ずに給料から天引きされて直接権利者への支払を命ずるような内容等）を定めているような場合，当該外国判決のうち養育費の支払を命ずる部分のみの執行力を認めた判決もあり（東京高判平10・2・26判時1647号107頁），外国裁判所の決定の内容が日本での手続に照らして執行可能か否かを確認する必要があります。

日本の裁判所で承認され，執行判決がなされた場合，扶養義務者が当該決定を守らないときには，扶養義務者の日本に所在する財産について，当該外国裁判所の決定の内容で，日本の裁判所において強制執行が可能となります。

## Ⅳ 養育費に関する日本の裁判所の決定の外国における承認執行

日本の裁判所に国際裁判管轄が認められたとしても，扶養義務者の外国に所在する財産に対して強制執行ができるかという問題があります。

子の監護に関する日本の裁判所の決定の外国における承認執行と同じく，当該外国において養育費に関する日本の決定を承認執行してもらえるかどうかにかかってきます。したがって，この場合も，当該外国の規定を調査したり，現地の家族法弁護士に相談をしたりして，当該外国において日本の決定が承認されるかどうかを確認する必要があります。また，日本の民事訴訟法118条の規定と同様に，外国判決の承認に訴訟開始時の送達の要件を満たしているかなどの要件が求められる国も多いことから，日本の裁判所において外国に居住する扶養義務者への送達手続は慎重に行う必要があるでしょう。送達の問題については，Ｑ9をご参照ください。

ところで，国内事案では，協議離婚の際に養育費や財産分与等の後日の履行確保のために公正証書を作成しておくことがあります。しかし，公正証書は日本国内では債務名義として執行力を有することができますが，外国ではそのような効力はなく，扶養義務者の財産が外国にある場合には債務名義として使用することはできません。したがって，外国で執行手続を可能とするためには，日本の裁判所の手続を経ておく必要があります。

なお，外国では，当事者が養育費の回収を自ら行わなくても行政機関がそ

の国に居住する扶養義務者の預金口座を差し押さえるなどして取立てをしてくれる制度があるところもあります。中には，扶養義務者の所在の調査などもしてくれるところもありますので，扶養義務者の国の制度を確認して養育費の回収を確実にする方法として当該国の行政サービスを利用することも検討するとよいでしょう。

　このように，日本に居住する扶養権利者から相談を受けた場合，権利者の利便性を考えると日本の裁判所に申立てをする方向になりがちですが，扶養義務者が日本に居住しておらず，かつ，義務者の財産が日本にない場合などは，義務者の居住する外国の裁判所で手続を行った方が執行との関係では望ましいこともあり，また，上記のような行政機関の取立てが実施されている国であればその方が扶養権利者の利益に資することもあります。どの国で手続を行うかは，執行まで見越して考えることが重要です。

【高瀬　朋子】

# 第4章

# 財 産 分 与

Q33 財産分与の国際裁判管轄・準拠法・承認執行　183

# Q33

### 財産分与の国際裁判管轄・準拠法・承認執行

　私は日本人，夫は中国人です。日本で結婚して子を産み，その後も日本で暮らしていました。ある日突然，夫が離婚したいと言い出し，１人で中国へ戻ってしまいました。離婚はやむを得ないとしても，夫婦のお金は，ほとんど夫名義で蓄えていたので，きちんと分けてほしいです。どうしたらよいでしょうか。

**A**　本問のように申立人（原告）となる妻の現住所が日本国内にあり，かつ，夫婦の最後の共通の住所が日本国内にある場合には，離婚請求の国際裁判管轄と同様，財産分与請求の国際裁判管轄も日本で認められます。

　本問では，夫婦の一方である妻が日本に常居所を有する日本人であるため，財産分与の準拠法も日本法となります（通則法27条ただし書）。

　もっとも，財産が日本ではなく中国にある場合，日本の弁護士や裁判所を通じて財産の調査を行うことは困難です。また，仮に財産の特定ができ，日本の離婚調停・審判・裁判などで債務名義を得ても，日中間には財産関係事件判決に関する相互の保証がないため，同債務名義に基づいて中国で承認執行してもらうことは困難です。そのため，夫が財産の多くを中国に移している場合には，中国の裁判所への提訴を検討した方がよいでしょう。

● ● **解　　説** ● ●

### Ⅰ　財産分与請求の国際裁判管轄

#### (1)　これまでの取扱い

　国際裁判管轄の決定は法律関係ごとに行われるため，離婚請求の国際裁判管轄とは別途，財産分与請求の国際裁判管轄について検討する必要があります。これまで，日本においては，財産分与請求の国際裁判管轄についての明

184　第4章　財産分与

文規定は存在せず，実務上，離婚請求の国際裁判管轄が認められる場合（**Q
2参照**）には，財産分与の国際裁判管轄も認められる取扱いがなされてきま
した。

### (2)　改正法の成立

　平成30年4月18日，人事訴訟法等の一部を改正する法律（平成30年法律第20
号，以下「改正法」といいます）が成立し，同年4月25日に公布され，平成31年
4月1日に施行されました。

　同改正により，財産分与に関する管轄については，人事訴訟法3条の4第
2項，家事事件手続法3条の12の規定が新設され，離婚の訴えの附帯処分と
して財産分与を求める場合，財産分与の審判を求める場合のいずれの管轄原
因についても，離婚の訴えに関する管轄原因と同様の内容が明示されること
となりました。

**■改正法：人事訴訟法3条の4（子の監護に関する処分についての裁判に係る事
件等の管轄権）**

> 2　裁判所は，日本の裁判所が婚姻の取消し又は離婚の訴えについて管轄権を
> 有する場合において，家事事件手続法（平成23年法律第52号）第3条の12各
> 号のいずれかに該当するときは，第32条第1項の財産の分与に関する処分に
> ついての裁判に係る事件について，管轄権を有する。

**■改正法：家事事件手続法3条の12（財産の分与に関する処分の審判事件の管轄
権）**

> 　裁判所は，財産の分与に関する処分の審判事件（別表第2の4の項の事項に
> ついての審判事件をいう。第150条第5号において同じ。）について，次の各号
> のいずれかに該当するときは，管轄権を有する。
> 　一　夫又は妻であった者の一方からの申立てであって，他の一方の住所（住
> 　　所がない場合又は住所が知れない場合には，居所）が日本国内にあるとき。
> 　二　夫であった者及び妻であった者の双方が日本の国籍を有するとき。
> 　三　日本国内に住所がある夫又は妻であった者の一方からの申立てであって，
> 　　夫であった者及び妻であった者が最後の共通の住所を日本国内に有してい
> 　　たとき。
> 　四　日本国内に住所がある夫又は妻であった者の一方からの申立てであって，

他の一方が行方不明であるとき，他の一方の住所がある国においてされた財産の分与に関する処分に係る確定した裁判が日本国で効力を有しないときその他の日本の裁判所が審理及び裁判をすることが当事者間の衡平を図り，又は適正かつ迅速な審理の実現を確保することとなる特別の事情があると認められるとき。

改正法において，過去に離婚請求に関する管轄が存在したことは，財産分与の管轄原因とはされていません。そのため，離婚請求と同時であれば財産分与の管轄が認められたにもかかわらず，離婚後に当事者が住所を変更したことに伴い，後日財産分与の請求をしようとした場合に管轄が認められなくなるという事態が生じ得ることになります。

法制審議会で改正法の要綱案が取りまとめられる過程においては，財産分与対象財産が日本にある場合にも管轄原因を認めるべきではないかという議論もなされましたが，結論として，この度の改正で財産所在地を管轄原因とすることは見送られました。

改正法の文言上，「夫又は妻であった者」という表現が用いられているのは，財産分与の請求時に，夫又は妻であった者の一方が死亡している場合があることが念頭におかれています。改正法によれば，この場合，承継人の住所地ではなく，被承継人の住所地を基準にするということになります。

### (3) 合意管轄

上記改正法では，離婚訴訟や財産分与の審判に関する合意管轄を認める条項はありませんが，家事調停事件については合意管轄が認められています（改正家手3条の13第1項3号）。そのため，調停について管轄の合意を行い，調停に代わる審判により財産分与の内容を決めるという方法は可能となります。

## Ⅱ 財産分与・財産給付に関する準拠法

### (1) 財産分与の準拠法

財産分与の準拠法については，夫婦財産制の問題として通則法26条によるとする説と，離婚の効果の問題として通則法27条によるという説があります。

26条，27条は，いずれも通則法25条を準用している点においては同じですが，判例（最〔二小〕判昭59・7・20民集38巻8号1051頁）は，財産分与について離婚の効果という考え方に立ち，離婚の準拠法に関する条文（法例16条，現在の通則法27条に相当）を引用しています。

通則法25条によれば，財産分与請求の準拠法は，離婚請求の準拠法と同じく，当事者の本国法が同一であれば同一本国法，同一本国法がない場合で同一常居所地法がある場合は同一常居所地法，それもない場合は夫婦に最も密接な関係がある地の法ということになります。

ただし，通則法27条ただし書により，夫婦の一方が日本に常居所を有する日本人であるとき，離婚は日本法によるとされており（いわゆる日本人条項），財産分与についても同規定が適用されると解されます。本問のような場合にも，日本人条項の適用を受け，準拠法は日本法となります。

### (2) 離婚に伴うその他の財産給付の準拠法

離婚をした当事者の扶養義務については，離婚に伴う財産給付の1つという性質を有するものであり，離婚の効力の問題と考えられます。そのため，扶養義務の準拠法に関する法律4条1項は，離婚をした当事者間の扶養義務の準拠法について，「離婚について適用された法」によって定めると規定しています。離婚の準拠法という表現ではなく，離婚について適用された法という表現がなされているのは，離婚準拠法が公序則などにより適用を排除される場合があるためです。

また，離婚に付随する慰謝料請求のうち，離婚にいたったこと自体の慰謝料請求については，やはり離婚による財産給付の1つという性質を有するものであるため，離婚の効果の問題として通則法27条による，すなわち離婚請求の準拠法と同じになると解されています。個々の不法行為を原因とする慰謝料請求については通則法17条によるべきとも思われますが，あまり区別されることなく，離婚請求の準拠法によっている例もあります。

## Ⅲ　日本における外国判決の承認・執行

### (1)　外国判決の承認

　外国で判決がなされた場合の国内での効力について，日本では，民事訴訟法118条が「外国裁判所の確定判決は，次に掲げる要件のすべてを具備する場合に限り，その効力を有する」と規定しており，同条に列挙される4要件をすべて満たす場合であれば特別な手続なしに効力を認める自動的承認制度が採用されています。

　外国裁判所の家事事件についての確定した裁判についても，従前よりその性質に反しない限り民事訴訟法118条の規定が準用されるという取扱いがなされており，上記改正法にも明文が盛り込まれました（改正家手79条の2参照）。

■改正法：家事事件手続法79条の2（外国裁判所の家事事件についての確定した裁判の効力）

> 　外国裁判所の家事事件についての確定した裁判（これに準ずる公的機関の判断を含む。）については，その性質に反しない限り，民事訴訟法第118条の規定を準用する。

　「その性質に反しない限り」という文言が入れられているのは，いわゆる手続的な公序といわれるものについて，家事事件の場合には事件の性質に応じた解釈があり得るため，一定の解釈を許容するという観点に基づくものです。

　財産分与について外国裁判所がなした審判など，非訟事件の裁判についても，基本的には民事訴訟法118条の規定が準用されると考えられています。

　民事訴訟法118条の4要件を欠くとして外国判決の効力を争う場合，日本の裁判所に当該外国判決の無効確認の訴えを提起することができます（東京地判昭46・12・17判時665号72頁，横浜地判昭57・10・19判時1072号135頁）。離婚無効確認訴訟によって，外国離婚判決の効力を否定することが認められた例もあります。

### (2)　民事訴訟法118条の定める要件

民事訴訟法118条柱書では，外国判決が日本で承認・執行されるためには，確定したものでなければならないとされています。

このほか，同条が定める4要件は以下のとおりです。

(a)　**民事訴訟法118条1号（管轄）**　同条1号は，日本法に照らして，判決国が当該事件について国際裁判管轄を有していること（間接管轄）を要件とする趣旨の規定です。これは，事案と十分な関連性のない国で不利益な判決を受けた者の手続的利益を保護するとともに，専属管轄事件につき日本がもつ公益を保護するための要件と解されています。

外国の裁判所が間接管轄を有するかどうかの判断基準について，明文の規定はありません。直接管轄と同一の基準によるべきかどうか，下級審裁判例及び学説は，見解が分かれています。

最高裁は，人事に関する訴え以外の訴えにおける間接管轄の有無について「基本的に我が国の民訴法の定める国際裁判管轄に関する規定に準拠しつつ，個々の事案における具体的事情に即して，外国裁判所の判決を我が国が承認するのが適当か否かという観点から，条理に照らして」判断すべき（最判平26・4・24民集68巻4号329頁）としています。人事の訴えについても基本的には直接管轄の基準を参考としつつ，個々の事案における具体的事情に即して判断していくことになると考えられます。

例えば本問において，夫が中国の裁判所に提訴して判決を得た場合，日本法における直接裁判管轄の基準に照らせば中国の裁判所に国際裁判管轄は認められないため，民事訴訟法118条1号の管轄要件を満たしていないということになりますが，妻が中国の裁判所に提訴して判決を得た場合であれば，同号の管轄要件を満たすということになります。

(b)　**民事訴訟法118条2号（送達）**　同条2号では，敗訴被告に対して適切な送達がなされていたこと又は敗訴被告の応訴が要件とされています。この趣旨は，外国判決を承認・執行されることによって不利益を受ける被告の手続保障にあります。

適切な送達とは，当該外国と日本の間に送達に関する条約が締結されている場合には条約において定められた方式により，条約がない場合には当該外

国との間で適式とされる方法により，送達がなされていることを指し（Q9
参照），公示送達によるものは認められません。

敗訴被告が応訴した場合とは，本案の応訴のみならず，手続面で却下を求
めた場合なども含むと解されています。

(c) **民事訴訟法118条 3 号（公序良俗）**　　同条 3 号は，外国判決の内容及
びその成立にいたる手続が日本の公序良俗に反しないことを要件としていま
す。実体のみならず，手続も適正なものでなければならないとされています
（横浜地判平元・ 3 ・24家月42巻12号37頁・判時1332号109頁）。

財産分与の例でいえば，離婚後扶養の支払を命じた外国判決の執行判決を
日本で求めた事件について，日本において離婚後扶養の支払を強制すること
は公序に反すると判断された例（東京高判平13・ 2 ・ 8 判タ1059号232頁）などが
あります。

(d) **民事訴訟法118条 4 号（相互保証）**　　同条 4 号は，相互の保証がある
ことを要件として定めています。相互の保証とは，判決を下した外国裁判所
が属する国において，我が国が下した当該判決と同種類の判決が，民事訴訟
法118条各号の条件と重要な点で異ならない条件の下に効力を有するものと
されることが必要（最判昭58・ 6 ・ 7 民集37巻 5 号611頁・判時1086号97頁）とされ
ています。

なお，相互保証要件はそれ自体不要とするべきという見解もあり，特に身
分関係判決の承認については相互保証は不要と解するべきとも考えられます
が，改正法においては現行の民事訴訟法118条を準用する，という文言を入
れるにとどまりました。

本問で問題となっている中国（中華人民共和国）においては，日本の財産関
係事件判決は承認されないため，相互の保証が欠けることになります。

### (3) 財産給付条項の執行

外国判決が承認される場合であっても，当該判決主文に含まれる財産給付
について日本国内で強制執行を行うためには，財産給付を命ずる部分につい
て日本の裁判所の執行判決が必要となります。

この場合の執行裁判所は，改正法（改正民執24条 1 項）によれば，原則とし

190　第4章　財産分与

て家庭裁判所ということになります。もっとも，事案によっては民事なのか
家事なのか区別が難しいものもあるため，同条2項・3項によって，裁判例
が柔軟な対応をとることができるような規律となっています。

#### ■改正法：民事執行法24条（外国裁判所の判決の執行判決）

　　外国裁判所の判決についての執行判決を求める訴えは，債務者の普通裁判
籍の所在地を管轄する地方裁判所（家事事件における裁判に係るものにあつ
ては，家庭裁判所。以下この項において同じ。）が管轄し，この普通裁判籍
がないときは，請求の目的又は差し押さえることができる債務者の財産の所
在地を管轄する地方裁判所が管轄する。
2　前項に規定する地方裁判所は，同項の訴えの全部又は一部が家庭裁判所の
　管轄に属する場合においても，相当と認めるときは，同項の規定にかかわら
　ず，申立てにより又は職権で，当該訴えに係る訴訟の全部又は一部について
　自ら審理及び裁判をすることができる。
3　第1項に規定する家庭裁判所は，同項の訴えの全部又は一部が地方裁判所
　の管轄に属する場合においても，相当と認めるときは，同項の規定にかかわ
　らず，申立てにより又は職権で，当該訴えに係る訴訟の全部又は一部につい
　て自ら審理及び裁判をすることができる。
4　執行判決は，裁判の当否を調査しないでしなければならない。
5　第1項の訴えは，外国裁判所の判決が，確定したことが証明されないと
　き，又は民事訴訟法第118条各号（家事事件手続法（平成23年法律第52号）
　第79条の2において準用する場合を含む。）に掲げる要件を具備しないとき
　は，却下しなければならない。
6　執行判決においては，外国裁判所の判決による強制執行を許す旨を宣言し
　なければならない。

　なお，民事執行法については，さらなる改正として民事執行法及び国際的
な子の奪取の民事上の側面に関する条約の実施に関する法律の一部を改正す
る法律（令和元年法律第2号）が令和元年5月17日に公布されました。原則と
して，公布の日から1年以内の政令で定める日から施行されることが予定さ
れています。この改正によって，財産開示手続の実施要件の見直し，罰則の
見直し，第三者から財産の情報を取得する制度の新設がなされたことにより，
国内における民事執行の実効性が高められることが期待されます。

## Ⅳ　外国における日本判決の承認・執行

　日本において判決を得ても，その判決が外国において承認され，執行できるかどうか及びその際の要件は，当該外国の国内法の定めによって決まります。

　そのため，財産が外国にあるなどの理由により，外国での執行を念頭においている場合には，あらかじめ当該外国法を調査することが必要不可欠です。

　調査の結果，当該外国裁判所において，日本の離婚判決の承認・執行が難しいと考えられる場合には，最初から外国裁判所で手続を行うことを検討すべきといえます。

　特に，財産が外国にある場合には，執行の対象となる財産の調査という面からしても，外国裁判所への提訴が望ましい場合があります。日本にいながら外国の財産を調査することは限界があるためです。

　ただし，当該外国に国際裁判管轄があるかは，その国の国際裁判管轄ルールによって決まりますから，注意が必要です。また，国によっては弁護士費用等が高額になる場合もあるため，外国の裁判所への提訴を検討するに当たっては，外国の弁護士費用を含めた手続に要する費用を予め見積もってもらうことが有用です。

【秋吉　理絵香】

192　第4章　財産分与

# Q34

## 財産分与に関する日本法と諸外国の法制の違い

　日本で結婚して生活している外国人夫婦が，離婚することになりました。離婚後，妻が未成年の子の親権者となって養育していく予定ですが，これまで専業主婦であったため，経済的に不安があります。離婚に伴う財産分与として，妻は夫に対し，どのような請求ができるのでしょうか。

**A**　通則法によって定まる準拠法が日本法である場合（Q33参照），原則として，夫婦が婚姻期間中に形成した財産の2分の1の分与を請求することができます。

　他方で，準拠法が外国法である場合，財産分与の方法は様々です。財産分与対象財産の範囲や方法が日本法と異なる場合もあれば，「離婚後扶養」の請求が一定期間認められる場合もあります。子を監護する妻に自宅を分与する配慮がなされる場合もあります。

　ただし，夫婦の間で予め有効な夫婦財産契約を締結していた場合には，準拠法及び公序良俗に反しない限り，財産契約の内容が法定財産制より優先することになります。

●●　解　　説　●●

## Ⅰ　夫婦財産契約

　婚姻によって夫婦間に生ずる財産関係を規律するため，夫婦財産契約が取り交わされる場合があります。

　夫婦財産契約を締結できるかどうか，同契約の締結時期，内容及び効力等は，夫婦財産制の準拠法によって決まります。夫婦財産制の準拠法は，通則法26条1項が通則法25条を準用しているため，離婚の準拠法と同じになります。もっとも，当事者の日付を記載した書面による合意により，①夫婦の一

方が国籍を有する国の法，②夫婦の一方の常居所地法，③不動産に関する夫婦財産制については，その不動産の所在地法を選択することが可能です（通則法26条2項）。

上記準拠法に基づき有効な夫婦財産契約が締結されている場合，公序良俗に反する内容でない限り，財産契約の内容が法定財産制より優先することになります。

法定財産制と異なる夫婦財産契約を締結することは，日本でも認められています。もっとも，日本では，婚姻の届出前に夫婦財産契約を締結し，法務局に登記しなければ第三者に対抗することができないとされており（民755条〜759条），一般的にはあまり利用されていないのが現状です。

日本とは異なり，アメリカ，フランス，ドイツ，パキスタンなど夫婦財産契約が活発に締結されている国もありますから，渉外離婚の場合には当該契約の存否には注意しなければなりません。なお，いずれの外国法に基づいて締結された夫婦財産契約であっても，第三者に対抗するためには，やはり日本でこれを登記する必要があります（通則法26条4項）。

## Ⅱ 法定財産制

有効な夫婦財産契約が締結されていない場合，夫婦の財産についての規律，帰属等の問題はすべて，通則法26条1項が準用する通則法25条の定める準拠法，すなわち離婚と同じ準拠法によって定められた法定財産制によることになります。

法定財産制には，夫婦各自が得た資産・所得について各自の所有とするという「別産制」と，夫婦の共有とするという「共有制」があります。

日本では，別産制が採用されています（民762条1項）が，離婚時の財産分与において，婚姻後に形成した財産は実質的に夫婦共有財産であるとして原則2分の1の割合で分与することが認められているため，潜在的には共有制であるともいわれています。

共有制の中にも，共有関係が婚姻後に取得した全財産に及ぶ一般共有制と，

194 第4章 財産分与

所得のみに及ぶ所得共有制，婚姻解消時にそれぞれの配偶者が各自の増加額に参与する権利を認める剰余共有制などがあり，国によって様々です。剰余共有制を採用するドイツなどでは，終局財産が当初財産を超えた部分（剰余）のみを折半にする方法が採用されています。

## Ⅲ　日本と諸外国の財産分与制度

### (1) 財産分与の基本的な考え方

(a) 日本の財産分与　　日本では財産分与の対象財産の範囲，額，割合，方法などについて，当事者間の協議によって自由に定めることができます。合意が難しい場合，家庭裁判所は，当事者双方がその協力によって得た財産の額その他一切の事情を考慮して，判断することができます（民768条3項）。

「一切の事情」について，1996年法務省改正案では，「財産の取得又は維持についての各当事者の寄与の程度，婚姻の期間，婚姻中の生活水準，婚姻中の協力及び扶助の状況，各当事者の年齢，心身の状況，職業及びその他一切の事情」と具体化されました。同改正案は立法化されていませんが，実務においては概ね，この内容で運用されています。

財産分与の法的性質については，①夫婦共同生活中の共通の財産の清算，②離婚後の生活についての扶養，③離婚原因を作った有責配偶者に対する損害賠償（慰謝料）の3要素から構成されるというのが通説的な見解ですが，民法768条3項が「当事者双方がその協力によって得た財産の額」を特記していることからもわかるとおり，日本の財産分与において中心とされているのは①清算的要素です。

清算に当たっては財産取得及び維持についての夫婦の寄与が問題となりますが，日本の裁判所では夫婦の寄与を対等であると評価して，原則，形成財産の2分の1の分与を認めるべきという考え方が定着しています（いわゆる2分の1ルール）。たとえ妻が専業主婦の場合であっても，その事情だけで寄与が否定されることにはなりません。

夫婦に負債（消極財産）がある場合には，財産分与対象財産の積極財産の

総額から，消極財産の総額を差し引き，その残額のみを分与対象財産とすることが一般的です。消極財産を差し引いた残額がマイナスになる場合，裁判所の判断としては，分与対象財産が存在しないものとして扱うことが多いようです。

(b) 諸外国の財産分与　　諸外国における財産分与の定めは様々ですが，多くの国において，平等分割原則の法定又は裁判所の裁量により，夫婦が共同生活中に形成した婚姻財産を公平に分割するという考え方が採用されており，この点は日本と概ね共通しています。

分割対象である婚姻財産についての取扱いは国によって様々であり，日本とは異なりマイナスの財産の分与を認める国もあります。

財産分与の扶養的要素，慰謝料的要素についての判断は，日本との違いが顕著な場合が多いため，以下詳述します。

### (2) 離婚後の扶養的要素と財産分与

(a) 上記のとおり，日本の民法上，財産分与においては「一切の事情」が考慮されます。年齢，心身の状況，職業等の事情を考慮の上，離婚後に経済的自立が容易でない場合には，扶養的財産分与が認められる場合があります。

もっとも，日本には諸外国の法律でいうような離婚後扶養の制度はなく，扶養的財産分与を認めるか否か，認める場合にどのように算定するのかという点について，統一的な基準は存在していません。清算的財産分与や慰謝料的財産分与だけでは経済的に困難になる場合に，補充的に認められる場合があるにすぎないというのが現状です。

実際のところ，日本において扶養的財産分与が認められる例は多くありませんが，自立のために必要な期間として，２年程度の必要最低生活費を考慮して算定された例があります。支払方法については一括払いを命じる裁判例（東京高判昭63・6・7判時1281号96頁）と定期金の支払を命じた裁判例（横浜地相模原支判平11・7・30判時1708号142頁）のいずれもあります。

(b) 外国の法制には，日本とは異なり，離婚後も夫婦の一方が他方に対し一定期間の扶養料を払うべき義務を明示的に定めるものが多くあります。

例えば，アメリカでは，多くの州で，離婚後扶養費の請求が認められてお

り，アリモニー，メンテナンス等と呼ばれています。伝統的なアリモニーの概念は，妻の再婚又は死亡時までの永続的な定期的給付と観念されていましたが，今日では，離婚によって経済的に自立できない配偶者の自立に必要な期間と範囲に限定して行われる経済的援助，という意味で用いられることが一般的です。高齢である場合，小さな子がいる場合などに長期のアリモニーが認められる傾向にあります。一部の裁判例には，生活再建の視点に限定せず，それぞれの生活水準が著しく均衡を欠くかどうかを考慮すべきと判断されたものもあります。

ドイツでは，離婚後，法に明示された一定の事由がある場合，例えば子の世話，夫婦の年齢，疫病，相応の所得活動につけない，職業教育の必要などのために生活が難しい場合に，扶養を請求できることが法制度として整備されています。

イギリスでは，日本と同様，財産分与の具体的な方法については法定されておらず，裁判所の裁量とされていますが，妻や子の居住を確保して子の養育環境を維持するために，婚姻住宅の持ち分が妻に有利に変更されたり，妻の死亡又は再婚まで住宅の処分が制限される例があります。

このような扶養的財産分与があり得るという点を考慮すれば，日本の裁判所で手続を行うよりも，外国の裁判所で手続を行う方が請求者に有利な場合もありますから，まずは各国の法制度をよく調査することが有用です。

### (3) 慰謝料的要素と財産分与

日本では，慰謝料と財産分与の請求の趣旨を別に分けて請求することが実務上一般的ですが，財産分与の中に慰謝料的要素を含めて財産分与の額及び方法を定めることもできるとされています（最〔二小〕判昭46・7・23民集25巻5号805頁）。

諸外国では，財産分与の判断に慰謝料的要素は含めない国の方が多いと思われます。

### (4) 経済的不利益の補償としての財産分与

結婚に伴い夫が勤務を続け，妻が退職して家事などを行うことにした場合，その役割分業の結果として，妻の所得能力のみが減少し，夫婦間に格差がで

きた状態で離婚することが不均衡であるという考え方があります。

その格差を是正する方法として離婚給付を行うことが考えられ，例えばフランスでは，収入の多い側の配偶者が，離婚後の当事者の経済状態の均衡を図るための離婚補償手当を支払うことが定められており，原則的には有責配偶者でも受け取ることができます。

日本の実務では，このような考え方は普及している状況にはありません。

### (5) 居住国の経済水準を考慮するべきか

慰謝料的財産分与がなされる場合や，定期金給付などの扶養的財産分与がなされる場合で，夫婦の居住国が異なるときに，居住国の物価水準の違いを考慮するべきかという問題があります。

**(a) 慰謝料的要素と経済水準**　　上記のとおり，日本の裁判所においては，慰謝料的財産分与及び扶養的財産分与の金額について明確な基準があるわけではありません。

精神的苦痛を慰謝するのは，金銭そのものではなく，その金銭によって得られる物やサービスであると考えるのであれば，金銭を費消する地の物価水準を考慮して慰謝料額を定めるのが相当という見解もあります。実際，財産分与とは別途慰謝料請求がなされた事案において，「離婚した者がどの地で慰謝料を費消することが予定されているか，言い換えると，離婚を求めた者が離婚当時どこで生活していたかを考慮することは当然である。」として，請求者が日本ではなく日本より物価水準が低い国に居住していることを理由に慰謝料を低くした裁判例があります（秋田地大曲支判平5・12・14判時1532号116頁）。

もっとも，物価水準の低い国に居住する請求者に対しては低い慰謝料でよいとする考え方は，公平の観点からみれば相当ではなく，また，受け取った慰謝料を今後どの地で費消するかを限定することになるという問題もあります。上記秋田地判の控訴審である仙台高裁秋田支部平成8年1月29日判決（家月48巻5号66頁）は，離婚当時の居住地について考慮すべき一事情であるとしながらも，「所得水準・物価水準如何は，逸失利益の算定の場合と比較してさほど重視すべきものではなく，かえってこれを重要な要素として慰謝

198　第4章　財産分与

料の額を減額すれば，被控訴人をして，一般的に日本人である妻と離婚した者の支払うべき慰謝料の額と対比し，不当に得をさせる結果を生じ，公平を欠くことになると考えられる」と指摘しています。

(b)　**扶養的要素と経済水準**　　扶養的財産分与は請求者が自立可能となるまでの生活を補助するものであるという観点からすれば，生活のために必要な費用を算定するために請求者の居住する物価水準・所得水準を考慮の対象とすることはあり得ます。

　しかし，低い経済水準を考慮して額を低額にした場合，費消する者の居住地を事実上制限することになる等という問題は残ります。結局のところ，居住地の経済水準を考慮するかどうかは，個々の裁判所の判断次第というのが現状です。

【秋吉　理絵香】

# Q35

### 財産の保全

　妻は日本人，夫は外国人です。妻が夫に離婚を申し入れ，婚姻期間中に蓄えた財産の分与を求めたところ，夫は「お前に渡す金はない。事業資金が足りないから，預金はそれに使う。」と言ってきました。どうしたらよいでしょうか。

**A**　妻は夫に対して財産分与を求めることができますが，その請求が認容されて確定するまでの間に，夫によって財産が費消されてしまえば回収が困難になりますから，予め財産分与対象財産を仮に差し押さえておく等の保全手続を行う必要があります。

　本案である財産分与請求の国際裁判管轄（Q33参照）が日本にある場合，離婚訴訟に附帯申立てする財産分与請求事件を本案とする保全命令申立てについては，日本に国際裁判管轄が認められます。審判前の保全処分についても，明文はありませんが同様に解されています。

　本案である財産分与請求の国際裁判管轄が日本にない場合であっても，仮に差し押さえるべき物若しくは係争物が日本国内にあるときは，外国での離婚訴訟に附帯申立てする財産分与事件を本案とする保全申立ての国際裁判管轄は日本にも認められます。しかしこの場合，審判前の保全処分を日本で行うことはできません。

　なお，日本の裁判所で保全手続をとる場合，保全の対象となる財産は，原則として日本国内にある財産に限られます。

　他方，外国の裁判所で保全手続をとる場合，外国にある財産を保全・執行するのに問題はありませんが，当該保全命令に基づいて日本国内にある財産を執行することはできません。日本の裁判所で承認・執行できる外国判決は確定したものに限られるためです（民訴118条）。

　したがって，財産の保全・執行の実効性を確保するためには，保全手続の

国際裁判管轄が認められる限り，財産が存在する国の裁判所で保全手続を行うことが望ましいといえます。

●　●　解　　説　●　●

## Ⅰ　日本の裁判所で保全処分を申し立てる場合

　日本の裁判所において財産分与請求権を被保全権利として保全処分を申し立てる方法としては，①調停前の処分（仮の措置）を求める方法，②財産分与の審判手続又はその前段階である調停手続の係属中に「審判前の保全処分」を申し立てる方法と，③離婚訴訟に附帯申立てする財産分与請求事件を本案として保全命令申立てを行う方法の3通りがあります。

　上記のうち，①調停前の処分（仮の措置）とは，家事調停事件が係属している間，調停員会が必要と認める処分を命ずることができる（家手266条1項）という制度です。急迫の事情があるときは裁判官単独でも命ずることが可能です（同条2項）。

　調停「前」の処分とはいうものの，調停の申立てより前からできるという意味ではなく，調停の申立て後，終了までの間に限られます。当事者は職権発動を促すことができるに過ぎず，処分の執行力もありません（同条3項）。財産分与請求権の保全のための実効性，確実性に乏しく，現在の実務上はあまり利用されていません。

　そのため，以下では，②審判前の保全処分，③離婚訴訟に附帯申立てする財産分与請求事件を本案とする保全命令の申立てに関して，詳述します。

### (1)　審判前の保全処分

### (a)　制度の概要　　財産分与は家事審判事項であるところ，家事審判事件の本案が係属する家庭裁判所及び高等裁判所は，仮差押え・仮処分等の保全処分を命ずる審判をすることができるとされています（家手105条1項・2項）。

　家事事件手続法の制定により，家事審判事項について家事調停が係属している段階でも保全処分の申立てができるようになったため，離婚調停又は財産分与調停の申立てと同時に，財産分与請求権を被保全権利とする保全処分

の申立てを行うことができるようになりました。なお，実務では，同申立てにおいて，財産分与請求権とあわせて慰謝料請求権を被保全権利とする保全処分申立てを行うことも認められています。

(b) **国際裁判管轄**　現行法上，審判前の保全処分の国際裁判管轄についての規定は存在しません。平成30年4月18日に人事訴訟法等の一部を改正する法律（平成30年法律第20号，以下「改正法」といいます）が成立しましたが，この中に審判前の国際裁判管轄についての明文を設けることは見送られました。実務上は本案調停又は本案審判が日本の裁判所に係属している場合，審判前の保全処分の国際裁判管轄も日本で認められると解されます。本案勝訴の蓋然性が保全命令発令の重要な要素であり，本案の審理と保全処分の審理の多くが重複するという関係性があるためです。

他方で，本案調停又は本案審判が外国の裁判所に係属しており，差し押さえるべき物若しくは係争物の所在地が日本国内にあるという場合に，日本の裁判所に国際裁判管轄を認めるべきかどうかという点は，議論があります。そもそも国内規律上，現行の家事事件手続法において審判前の保全処分を行うことができるのは，本案の家事審判事件又はその前段階の調停事件が係属している家庭裁判所のみとされています（家手109条3項）から，仮に所在地要件（差し押さえるべき物若しくは係争物の所在地が日本にあること）をもって国際裁判管轄を認められたとしても，本案の家事審判事件が係属していない裁判所への申立ては却下されることになります。このような観点から，改正法においてはあえて審判前の保全処分に関する国際裁判管轄の規定を設けないこととなりました。結論として，このような場合，日本に財産があっても日本で審判前の保全処分を行うことはできないことになりますが，これは国内規律自体に問題があり，今後の法改正が検討されるべき点であると考えられます。

(2) **離婚訴訟に附帯申立てする財産分与請求事件を本案とする保全命令申立て**

(a) **制度の概要**　離婚訴訟に附帯申立てする財産分与事件を本案とする場合には，離婚訴訟の提訴前であっても，離婚訴訟の管轄裁判所又は仮に差

し押さえるべき物若しくは係争物の所在地を管轄する家庭裁判所に対して，保全処分を申し立てることができます。

なお，離婚に伴う慰謝料請求を本案とする保全事件については，仮に差し押さえるべき物又は係争物の所在地を管轄する家庭裁判所（改正人訴30条2項）のほか，一般の民事保全として地方裁判所又は簡易裁判所に対しても，保全処分の申立てを行うことが可能です。

(b)　**国際裁判管轄**　従前の人事訴訟法30条１項（改正人事訴訟法では削除）では，保全事件に関する日本の国際裁判管轄を定める民事保全法11条の適用が除外されていました。

しかしながら，本案判決の実効性確保の必要，本案訴訟に対する従属性，裁判所の審理や執行の便宜という民事保全法11条の趣旨は，人事訴訟についても妥当すると考えられます。

そのため，改正人事訴訟法では，民事保全法11条の適用除外規定が削除されました。これにより，人事訴訟を本案とする保全命令事件についても，「日本の裁判所に本案の訴えを提起することができるとき，又は仮に差し押さえるべき物若しくは係争物が日本国内にあるときに限り」国際裁判管轄が認められることとなります。

(3)　**保全の対象**

(a)　日本の裁判所が行う保全処分の対象である被差押不動産，被差押債権は，国内に存在するものでなければなりません。

例えば，日本の銀行の海外支店にある預金債権について，仮差押え等の保全処分を行うことはできません。他方，外国の銀行の日本における支店に存在する預金について，差押え・仮差押えを行うことは可能です。

そのため，保全処分の対象の多くが外国にある場合には，当該外国裁判所で手続を行うことを検討する必要があります。

(b)　国内事件，国際事件のいずれにおいても，仮差押え等の保全処分がなされることによる債務者への影響が大きい場合には，供託金の金額が多額になる傾向にあります。また，給与債権や退職金債権が第三債務者である職場に送達されることにより，債務者が職場で働き続けることが困難になり，翻

って債権者である申立人にも不利益な結果となる場合があります。

そのため，保全処分の対象は，なるべく債務者への影響が少ないもの，すなわち不動産，保険，定期預金などを優先すべきと考えられます。

## Ⅱ　外国の裁判所で保全命令を得た場合の効力

外国の裁判所で保全命令を得た場合，日本国内において当該保全命令を承認し，日本国内の財産について執行することができるか，という問題があります。

民事訴訟法118条本文，改正民事執行法24条5項は，日本国内で承認・執行の対象となる外国判決が「確定」判決であることを要件としています。

確定していない判決を承認・執行してしまうと，後でそれを取り消し，原状回復等を行うことが大変困難であるためです。

この趣旨から，判例上，確定判決とは，法的紛争を終局的に解決するものでなければならず，単なる暫定的規整を行うにすぎない保全命令は含まれないと解されています（大判大6・5・22民録23輯793頁，最判昭60・2・26家月37巻6号25頁）。

なお，渉外離婚の分野における保全命令といってもその性質は様々であり，子の引渡しの保全命令と財産の保全命令を一律同様に解してよいのか，という問題はあります。子の引渡しの保全命令については，別途解釈を施す必要性があるという意見もあります。

しかし，少なくとも財産分与請求権を被保全請求権とする場合には，一般の保全処分，民事保全法上の保全処分に相当するような暫定的な外国裁判を承認・執行することはできないと解することに争いはありません。審判前の保全処分に相当する外国裁判についても同様です。

日本で承認・執行ができない場合でも，日本の裁判所に国際裁判管轄があるのであれば，日本の家庭裁判所に改めて保全命令申立てを行うことは可能です。また，その審理に際し，外国保全命令が出されていることを，保全の必要性を疎明する一資料とすることは可能です。

もっとも，保全命令に緊急性が要求されることを考えれば，財産分与の対象財産の多くが日本国内にある場合には，当初より日本国内の裁判所で手続を行うことを検討するべきといえます。

【秋吉　理絵香】

# Q36

## 年金分割

　妻は日本人，夫は外国人です。十数年前に日本で結婚し，その後現在まで，夫は日本の企業に勤め厚生年金に加入しており，妻は扶養の範囲内でパート勤務をしていました。夫は，数年前までは，本国の年金保険料も支払っていました。夫婦が日本で離婚する場合，妻の年金はどうなるのでしょうか。

**A**　日本の年金のうち国民年金については，妻が受給資格期間を満たしているのであれば，年金受給年齢に達した後，当然に受給できます。厚生年金については，妻が日本の年金分割の手続に則り請求することにより，分割を受けることができます。妻や夫の国籍は関係ありません。

　夫の本国の年金については，本国の制度に則り，年金分割を請求することになります。もっとも，妻からすれば，遠い外国の年金分割手続を行うよりも，離婚時に年金資産分を財産分与額に加算してもらう方法で一括解決する方が，負担が少ないとも考えられます。

●●　解　　説　●●

### Ⅰ　渉外離婚と年金制度

　夫婦の一方又は双方が外国人である場合や，夫婦が外国に居住しているという場合，夫婦それぞれがどの国の社会保障制度に加入し，年金保険料を支払ってきたのかによって，年金分割をどうするべきかという判断も異なってきます。

　従前は，本国を離れて外国に居住するという場合，本国と外国双方の社会保障制度に加入しなければならないことから，両国の年金保険料を二重に支払わなければならないというケースが多く存在しました。

　しかし，両国の年金保険料を支払っても，各国の年金受給のための受給資

格期間を満たさなければ年金を受給できないという制限があることから，結果的に，年金保険料を支払ったものの年金を受給できない，掛け捨てになる場合が多いという問題がありました。この問題を解決するため，近年，各国間において社会保障協定が次々と締結され，企業等により国外に派遣・出向する場合に，一方の国の社会保障制度にのみ加入すればよいこととなり，また，受給資格期間を計算するに際して両国の年金加入期間を通算（合算）して年金を受給できるようになってきています。

　例えば，アメリカの年金の受給資格期間は10年間，日本の年金の受給資格期間も10年間です（以前は25年間でしたが，平成29年8月1日から短縮されました）。同協定の要件を満たす場合には，アメリカの年金加入期間と日本の年金加入期間を通算して10年間あれば，いずれの国の年金受給資格期間も満たすということになります。

　なお，日本は現在，ドイツ，イギリス，韓国，アメリカ，ベルギー，フランス，カナダ，オーストラリア，オランダ，チェコ，スペイン，アイルランド，ブラジル，スイス，ハンガリーなど多くの国と社会保障協定を結んでおり，さらに締結国を増やしていく方向で準備を行っています（社会保障協定の内容は国によって異なり，保険料の二重負担防止のみを協定している国や，年金加入期間の通算がない国もあります）。

　そのため，渉外離婚の年金分割を検討するに当たっては，まず，夫婦の双方が，婚姻期間中，いずれの国の年金保険料をどれくらいの期間支払ってきたのか，各国の年金受給要件を満たしているかという点を確認することから始める必要があります。

## Ⅱ　日本で離婚する場合の年金分割

### (1)　日本の年金

### (a)　年金分割制度の概要　日本の公的年金制度は3階建てといわれます。1階部分は基礎年金である国民年金，2階部分は旧共済年金のうち報酬比例部分と厚生年金，3階部分は旧共済年金のうち職域加算部分と企業年金です。

これらのうち，１階部分である国民年金については，10年の受給資格期間を満たし，受給年齢に達すれば，当然に受給することができます。

２・３階部分のうち厚生年金及び旧共済年金については，離婚後２年以内に「年金分割」を請求する手続を行えば，請求者が受給年齢に達した後，一定割合の額を受給することができます。分割の対象となるのは，元配偶者が将来受給する年金すべてではなく，婚姻期間に納付した当該部分の保険料総額の納付記録のみです。

年金分割を請求する場合，元配偶者との合意又は家庭裁判所の審判手続で，按分割合（分割割合）を決めなければなりません。審判で割合が決められる場合には，夫婦に別居期間があるケースなどでも，多くの場合は「0.5」の割合，すなわち半分となります。

なお，婚姻中に第３号被保険者（被扶養配偶者）の期間がある人が，離婚から２年以内に平成20年４月以降の婚姻期間の年金分割を請求する場合には，上記のような合意等がなくても，年金事務所で手続をとれば当然に半分の割合で分割してもらうことができ，これを３号分割といいます。

他方で，国民年金基金や，厚生年金基金の上乗せ給付部分などの企業年金については年金分割の対象とはなりません。財産分与の算定の際に考慮することがあり得る，というだけにとどまります。

(b) **外国人と年金分割**　外国人であっても，日本人の場合と同様，日本の年金分割を受けることは可能です。按分割合の合意ができない場合には，裁判所の審判手続により，按分割合を決めることになります。

年金分割の審判に関する国際裁判管轄については，日本法上の明文規定はなく，平成30年４月18日に成立した人事訴訟法等の一部を改正する法律（平成30年法律第20号，以下「改正法」といいます）にも，規定は設けられませんでした。解釈上は，日本の年金が日本の社会保障制度に関するものであり行政行為の原因になること，日本の公的機関に対する請求を想定していることに鑑み，日本の裁判所に専属的な国際裁判管轄が認められると解されています（下記**Ⅲ**(1)で詳述）。適用法規も日本法となります。

ただし，年金分割を請求する外国人自身が年金受給要件を満たさない場合，

すなわち保険料納付期間や保険料免除期間の合計が受給資格期間に満たない場合には，年金を受給することはできません。この点は日本人でも同様ですが，外国人の場合には，受給資格期間を満たさない場合が多いため，注意が必要です。

### (2) 外国の年金

外国においても，カナダ，ドイツ，イギリス，アメリカ，スイスなど，多くの国で年金分割の制度が導入されています。外国の年金分割に関する事件について日本の裁判所が管轄権を有するか否かについて，改正法に明文規定は設けられず，解釈に委ねられました。年金分割はその国の社会保障制度の一環をなすものであるため，日本で離婚する際に外国の年金を分割する場合，基本的には，当該外国の手続に則って行うことになると考えられます。

婚姻無効，婚姻取消しの場合に年金分割が認められるか否か，事実婚の場合はどうか，障害給付の分割が認められるかどうか，年金資産のうちどれくらいの割合で分割が認められるか，年金資産を一時金として受け取ることができるか否かなど，年金分割の制度は国によって細々とした違いがあります。例えばイギリスやドイツでは，日本とは異なり，企業年金も分割の対象となっています。

そのため，渉外離婚に際して，外国の年金分割制度についての調査を行うことは欠かせません。

もっとも，これら遠い外国の年金分割手続を行うことの手続的負担を考えれば，離婚時に年金資産分を財産分与額に加算してもらう方法で一括解決する方が，負担が少ないとも考えられます。

## Ⅲ 外国で離婚する場合の年金分割

### (1) 日本の年金

上記のとおり，日本では3号分割の場合を除いて，年金分割を請求する場合には，元配偶者との合意又は家庭裁判所の審判手続により按分割合を決めなければなりません。

そこで、按分割合を外国の裁判所で決めたときに、その裁判が日本の年金事務で通用するかという問題があります。

年金分割の国際裁判管轄について改正法で明文の規定が設けられなかったことは上記のとおりですが、厚生年金保険法78条の2第1項2号は、当事者の合意で定めるときを除いて、「家庭裁判所が」請求すべき按分割合を定めると規定しています。同号にいう「家庭裁判所」は、その文言上、日本の家庭裁判所を指すと解釈されており、実体からしても、日本の年金分割請求権が日本の公的機関に対する公的請求権の性質をもつこと等を考えれば、按分割合の決定を行えるのは日本の裁判所に限られる、すなわち専属管轄であると解するのが相当といえます。そのため、仮に外国の裁判所が按分割合を決めたとしても日本で承認されることはなく、同裁判に則って日本の年金事務所で手続を行うことはできません。

したがって、外国で離婚する場合においても、日本の年金分割を行うためには、当事者間の合意によるか、日本の家庭裁判所に審判の申立てをしなければならないということになります。

外国で離婚する場合には、わざわざ日本で年金分割の手続をとるよりも、離婚時の財産分与額に年金資産分を加算してもらう方法で一括解決する方が簡単な場合もありますから、状況によって検討した方がよいでしょう。

### (2) **外国の年金**

当該外国の手続に則って行うことになります。

【秋吉　理絵香】

# 第5章

## 離婚後の諸手続

# Q37

## 日本で成立した離婚の外国における効力・届出

　私は，フィリピン人ですが，フィリピンで日本人男性と婚姻し，その後私が日本に来て，日本で婚姻生活を送っていましたが，日本で生活するうちに性格の不一致がわかり，離婚することになりました。離婚の際は，お互いに離婚することに合意できたので日本の役所で協議離婚届を提出しました。

　今後再婚することもあるかも知れませんので，フィリピンにおいても離婚したことをきちんと登録しておきたいと思います。日本での協議離婚について，夫の戸籍謄本や離婚届記載事項証明書を翻訳してフィリピン領事館へ持参して離婚を報告すれば，離婚を登録してもらえるのでしょうか。

**A**　日本では既に有効に離婚が成立していますが，フィリピンで離婚を法的に承認されるためには，承認の法的手続を経ることが求められます。

　そのため，日本で有効に離婚が成立したことを証明する資料を持参してもそれだけでは離婚の事実が登録されません。

　フィリピンにおいても離婚の承認を受け，再婚を可能とするためには，フィリピンの裁判所において，外国人配偶者との離婚承認の裁判を得る必要があります。

　もっとも，日本における離婚の方法が協議離婚であった場合や，離婚を請求した当事者が外国人配偶者ではなく，フィリピン人であった場合には，フィリピンの裁判所において円滑に離婚が承認されない可能性があります。

● ● 　解　　説　 ● ●

### Ⅰ　日本での離婚手続

　本件は，日本で暮らしていた日本人とフィリピン人との夫婦が離婚する場合です。法の適用に関する通則法27条柱書で準用される同25条は，離婚の準

拠法について，①夫婦の本国法が同一であるときはその法により，②その法がない場合において夫婦の常居所地法が同一であるときはその法によると定めています。

　本問では，夫婦が日本で婚姻生活を送っており，夫婦の常居所地法は日本法であると考えられます。そのため，日本では，日本法に則って離婚が成立することになり，その方式も日本の協議離婚の方式で離婚することが可能です。これにより，日本では，離婚が有効に成立し，再婚が可能な状態になります。

## Ⅱ　日本で有効に成立した離婚の外国での承認

　日本で離婚が有効に成立したかどうかと外国でこれが承認されるかは別問題です。

　日本で離婚が成立した場合，これをそのまま承認する国と，別途，その国において司法的手続を要する国があり，さらに，日本における離婚手続が協議離婚であったか，裁判所の関与した形式の離婚であったか等により承認されるかどうかが異なる場合もあります。そのため，本来であれば，日本で離婚を成立させるにあたり，事前に日本での離婚が外国で承認されるかどうか，あるいは，どのような離婚手続を経ていれば承認されるかを検討しておく必要があります。

　特に，裁判所が一切関与しない日本の協議離婚は，外国では同様の方式により離婚が認められていない場合が多く，そのまま承認してもらえない可能性があるため，より注意が必要です。

　また，調停離婚や審判離婚のように家庭裁判所の一定の関与はあるものの，裁判所の関与が限定的である場合，裁判離婚に比べ，承認が得られにくい傾向にあります。日本でいかなる方法により離婚しておけば，外国でも承認されるかということは，事前に大使館や承認を得る国の弁護士等に直接確認をしておくべきでしょう。

　本問で問題とされているフィリピンでの離婚の承認は，そもそもフィリピンで離婚が認められていないことから，特殊な問題があります。外国人配偶

者との婚姻に限っては，フィリピン家族法が「フィリピン人と外国人との婚姻が有効に成立している場合であって，その後，外国において外国人配偶者によって離婚が有効に取得され，外国人配偶者が再婚する資格を得た場合は，フィリピン人配偶者もフィリピン法に従い，再婚する資格を取得する。」と規定しています（フィリピン家族法26条2項）。

　この点につき，従来，フィリピン人と外国人配偶者との離婚を，フィリピンで承認されるためには，外国人配偶者からフィリピン人に対して離婚を請求する訴えがあることが必要と解釈されていました。

　しかし，2018年に入り，フィリピン人から日本人配偶者に対し離婚を請求する訴えを起こした事案や，フィリピン人と日本人配偶者との間で協議離婚が成立した事案についても，フィリピンの最高裁で離婚を承認する判決が出されました（Q7参照）。そのため，今後は，フィリピン人から外国人配偶者に対し離婚を請求する訴えを起こした事案や協議離婚の方法により離婚した事案でも，フィリピンにおいて離婚が承認される可能性が高いといえます。

　もっとも，最高裁まで争う場合には，手続に長期間を要する可能性があることから，円滑に離婚が承認されない危険性があることを踏まえて，手続を選択すべきです。

　また，仮にフィリピンでは離婚が承認されない場合，フィリピンでは，離婚に代わる婚姻関係解消の方法として，フィリピン家族法に基づく婚姻無効（Declaration of Nullity）や婚姻取消し（Annulment）の訴えを提起することが行われているようです。

【大坂　恭子】

216　第5章　離婚後の諸手続

# Q38

### 外国で成立した離婚の日本における効力・届出

　私は，英国でトルコ人男性と婚姻し，英国で子をもうけ，婚姻生活を送っ
たのですが，その後，性格の不一致で一緒に暮らせなくなり，日本に戻って
きてしまいました。子は，私の戸籍に入籍しており，日本人です。

　私が日本へ戻った後，夫もトルコ本国に帰り，トルコで離婚裁判を起こし
ました。私にも日本の裁判所を経由して離婚判決が送られてきましたが，そ
こには，子の親権に関すること等は何も記載されていません。私は，このト
ルコでの離婚判決をもって日本でも離婚したことになるのでしょうか。子の
親権者は私と定めてほしいと思っています。

**A**　トルコでの離婚判決は，日本で外国判決が承認されるための要件を欠
き，市町村役場で離婚届を受理されない可能性があります。その場合，別途，
日本での離婚手続が必要になりますが，最も簡便な方法は，協議離婚をする
ことです。もっとも，協議離婚に協力が得られない場合，日本で離婚訴訟を
起こす方法が考えられます。

　なお，トルコでの離婚判決についても，敗訴した被告であるあなたが市町
村役場に届け出れば，受理され，離婚が成立する可能性があります。その場
合，親権者指定の手続を別途行わなければ共同親権の状態が続きます。

●　●　解　　説　●　●

### Ⅰ　外国判決の承認

　日本では，民事訴訟法118条が外国裁判所の確定判決の効力について規定
しており，同条各号の要件を充たす場合には，外国判決が自動的に承認され，
承認という手続はありません。

　民事訴訟法118条の承認の要件は以下の通りです。

１号：法令又は条約により外国裁判所の裁判権が認められること

２号：敗訴の被告が訴訟の開始に必要な呼出し若しくは命令の送達（公示送達その他これに類する送達を除く）を受けたこと又はこれを受けなかったが応訴したこと

３号：判決内容と訴訟手続が日本の公序良俗に反しないこと

４号：相互の保証があること

　上記の事例では，トルコで離婚裁判が起こされたということですが，まず，離婚の国際裁判管轄についての日本法の規律に照らしてトルコに国際裁判管轄が認められるかという点を検討することになります。

　人事訴訟法は，離婚訴訟事件について以下の場合に国際裁判管轄を認めています。

① 　被告の住所（住所がない場合又は住所が知れない場合には，居所）が日本国内にあるとき（人訴３条の２第１号）

② 　その夫婦が共に日本の国籍を有するとき（同条５号）

③ 　その夫婦の最後の共通の住所が日本国内にあり，かつ，原告の住所が日本国内にあるとき（同条６号）

④ 　原告の住所が日本国内にあり，かつ，被告が行方不明であるときなど，日本の裁判所が審理及び裁判をすることが当事者間の衡平を図り，又は適正かつ迅速な審理の実現を確保することとなる特別の事情があるとき（同条７号）

　これらの国際裁判管轄についての規定について，「日本」と規定されているところを本問の外国判決であるトルコの離婚判決を行ったトルコに置き換えて検討することになります。本問では，①トルコの離婚裁判で被告とされた相談者の住所地は日本にあり，トルコ国内にありませんし，②夫婦が共にトルコ国籍を有する場合にも該当しません。また，③トルコは，夫婦の最後の共通の住所地でもなく，④相談者は，行方不明でなく，住所が原告にも知れており，トルコの裁判所が審理及び裁判をすることが当事者間の公平を図る等の特別な事情があるとも見受けられません。

　そうすると，トルコの離婚判決は，日本の国際裁判管轄の規律に照らし

218　第5章　離婚後の諸手続

て国際裁判管轄があるとは認められず，民事訴訟法118条1号の要件を欠き，日本では承認されないため，届け出ることはできないこととなります。

　ただし，外国離婚判決が日本の国際裁判管轄の規律からすれば管轄が認められない場合でも，敗訴した被告である日本人配偶者がこれを受け入れ，届出を行えば受理されることがあります。本件では，相談者が，まずは，離婚の成立だけでも先に確定させたいという場合，外国離婚判決の届出を行うことが考えられます。この場合は，親権者について，別途，協議又は，調停や審判で決めることになります。

　外国離婚判決が上記の通り，民事訴訟法118条1号の要件を欠くとして受理されない場合や，相談者が離婚と同時に親権者の指定を行いたいと考える場合には，日本において別途離婚手続をとる必要があることになります。

## Ⅱ　日本で有効に離婚を成立させる方法

### (1)　協議離婚の方法

　本件では，相手方がトルコに住んでいますので，日本で訴訟提起するとしても，日本の裁判所から訴状等の書類を外国送達しなければなりません。その場合，外国送達のため書類の翻訳も必要となり，その費用の負担もあります。そのため，相談者が日本での裁判手続を経ようと考えると，多大な時間と費用負担をかけることになります。特に本件では，相手方の方からトルコで離婚裁判を提起しており，相手方の離婚意思も明確です。

　そこで，日本で有効に離婚を成立させるために最も簡便な方法として，協議離婚の方法を用いることが考えられます。

　相手方と連絡をとり，相手方の協力が得られれば，日本方式の協議離婚届を郵送する等して，署名をもらうことが考えられます。

　その際，親権の協議も必要です。親権については，法の適用に関する通則法32条が，親子間の法律関係について，子の本国法が父又は母の本国法（父母の一方が死亡し，又は知れない場合にあっては，他の一方の本国法）と同一である場合には子の本国法により，その他の場合には子の常居所地法によることを

定めています。

本問では，子の本国法は日本法であり，母の本国法と共通していることから，日本法により，父母が協議上の離婚をするときは，その協議で，その一方を親権者と定めなければならない（民819条1項）こととされています。

したがって，本問で協議離婚の方法をとる場合には，協議離婚届作成の際に親権についてもいずれにするかを合意しておく必要があります。

### (2) 裁判離婚の方法

相手方が協議離婚に協力しない場合には，やはり裁判離婚を考えなくてはなりません。その際，被告の住所地はトルコですので，国際裁判管轄の問題があります。

この点につき，①被告の住所は，日本国内になく，②被告はトルコ国籍で，夫婦が共に日本の国籍を有する場合に該当せず，③日本は，夫婦の最後の共通の住所地ではありませんので，④日本の裁判所が審理及び裁判をすることが当事者間の衡平を図り，又は適正かつ迅速な審理の実現を確保することとなる特別の事情があるとき（人訴3条の2第7号）に該当するかを検討することとなります。

本問では，仮に相談者がトルコで訴訟を提起したとしても，すでにトルコでは当事者間の裁判離婚が成立していることから，新たな訴訟提起は認められないことが予想され，相談者は，日本で訴訟提起できない場合には，離婚を求めることができないことになります。

この点につき，国際裁判管轄に関する人事訴訟法等の一部を改正する法律（平成30年法律第20号）が成立する以前の判例ですが，最高裁平成8年6月24日判決（民集50巻7号1451頁）は，以下の通り判示しており参考となります。

「管轄の有無の判断に当たっては，応訴を余儀なくされることによる被告の不利益に配慮すべきことはもちろんであるが，他方，原告が被告の住所地国に離婚請求訴訟を提起することにつき法律上又は事実上の障害があるかどうか及びその程度をも考慮し，離婚を求める原告の権利の保護に欠けることのないよう留意しなければならない」

この事案では，ドイツに住所があるドイツ人配偶者が先にドイツにおいて

220　第5章　離婚後の諸手続

公示送達の方法により，日本に住所がある日本人配偶者との離婚判決を得ており，他方，日本では，民事訴訟法の外国判決承認の要件を満たさないことから，ドイツの離婚判決が承認されず離婚が成立していないという状況において，「我が国に離婚請求訴訟を提起する以外に方法はないと考えられる」として，条理により国際裁判管轄が認められました。

　本問においても，相手方の住所があるトルコでは既に裁判離婚が成立していることから，相談者には，日本で離婚訴訟を提起する以外に方法がないと考えられることから，「日本の裁判所が審理及び裁判をすることが当事者間の衡平を図り，又は適正かつ迅速な審理の実現を確保することとなる特別の事情があると認められるとき」（人訴3条の2第7号）に該当するとして，国際裁判管轄が認められるでしょう。

【大坂　恭子】

# Q39

### 離婚と在留資格

私は，日本人と結婚し，「日本人の配偶者等」の在留資格で日本に住んでいたのですが，1週間前に離婚しました。

(1) 在留期限が来る前に何かとっておくべき手続がありますか。

(2) 現在の在留資格は，あと8か月在留期間が残っていますので，少なくとも，その間は，何も手続をせずに滞在を継続して良いのでしょうか。

(3) 在留期限が迫ってきたらどのような手続をすれば良いのでしょうか。

**A** (1) 離婚が成立したら，14日以内に法務大臣に「配偶者に関する届出」をすることが必要です。

(2) 現在の在留資格が自動的に失われることはありませんが，在留資格が将来に向かって取り消される場合があるため，在留期限まで滞在が継続できるかどうかは未確定です。在留資格取消手続が開始された場合や，次の在留期限の到来に備えて，早めに在留資格の変更について検討を進めましょう。

(3) 在留の継続を希望する場合，日本人の配偶者等の在留資格には，該当しなくなっていますので，他の在留資格への変更が必要です。離婚後の具体的な生活状況や，それまでの学歴や経歴に応じて，定住者又は，活動を目的とした入管法別表第一の在留資格への変更を検討しましょう。

● ● 解　説 ● ●

### ① 配偶者に係る届出義務 (入管19条の16第3号)

日本人の配偶者等（日本人の配偶者の身分を有する者に限る），永住者の配偶者等（永住者の在留資格をもって在留する者又は特別永住者の配偶者の身分を有する者に限る）は，配偶者と離婚又は死別した場合，法務大臣に対し，14日以内に届出をすることが義務付けられており，違反した場合，罰則の規定が設けられて

いMS（入管71条の5第3号）。

届出の書式は，法務省のホームページ上で公表されており，届出方法は，最寄りの地方出入国在留管理官署に届出書を持参する方法と，東京出入国在留管理局在留管理情報部門届出受付担当に郵送して提出する方法があります。

## Ⅱ　在留資格取消し（入管22条の4）

日本人の配偶者と離婚した場合，「日本人の配偶者等」の在留資格には明確に該当しなくなります。これにより，在留資格が自動的に失われるわけではありませんが，離婚成立から6月が経過すると，「配偶者の身分を有する者としての活動を継続して6月以上行わないで在留している」（入管22条の4第1項7号）として在留資格取消手続が開始されることがあります。

在留資格取消手続が開始される場合，原則として入国審査官から意見聴取を受けるため，その期日及び場所，取消しの原因となる事実を記載した意見聴取通知書が送られてきます。その期日では，意見を述べたり，証拠を提出したりすることができ（入管22条の4第2項・同3項・同4項），事情によっては，在留資格が取り消される前に，他の在留資格への変更許可申請や永住許可申請の機会が与えられる場合もあります（同22条の5）。

なお，取消事由に該当すれば常に在留資格取消手続が開始されるわけではありません。取消手続が開始されない場合，現在の在留資格で滞在を継続することには問題ありませんが，他の在留資格への変更を希望する場合には，その準備に時間を要する場合もあり得ます。次の在留期限を見据えて，在留資格変更について早めに検討を始めることが重要です。

## Ⅲ　在留資格の変更（入管20条）

離婚協議中や離婚訴訟中は，配偶者と別居状態にあっても「日本人の配偶者等」の在留資格で在留期間更新が認められることがありますが，日本人配偶者と離婚した場合，「日本人の配偶者等」の在留資格には該当しません。

そのため，在留期限を迎えた場合，そのままの在留資格で在留期間更新をすることはできません。そのため，在留資格の変更を検討することになります。在留資格の変更については，準備が整えば，在留期限が近いかどうかにかかわらず，いつでも申請できます。許可される可能性が高い場合には，早い段階で変更申請を行ってしまう方が，上記のとおり，取消手続が開始される等の煩雑さを避けられます。

なお，前配偶者との離婚後，在留期限内に別の日本人と婚姻が成立した場合には，在留資格変更ではなく，在留期間更新の手続をとることになります。この場合，新たな配偶者との婚姻実態について，出入国在留管理庁所定の「質問書」やスナップ写真等の立証資料を添付して申請を行います。

## (1) 定住者への変更が許可される場合

定住者は，日本人の配偶者等の在留資格と同様に，入管法別表第二に定められる活動制限のない在留資格（「法務大臣が特別な理由を考慮し一定の在留期間を指定して居住を認める者」）ですので，指定された活動を継続していないことにより在留資格が途中で取り消されることもありません。そのため，ここでは，別表第一に優先して定住者への在留資格変更の可否を検討します。

**(a) 日本人の実子を監護・養育する場合**　日本人の配偶者と離婚するにあたり，配偶者との間の日本人の実子の親権者となり，監護養育を続ける場合，一定の要件の下，定住者告示に定められていない定住者への変更が許可される運用となっています。

ここで「日本人の実子」とは，嫡出，非嫡出を問わず，子の出生時点において，その父又は母が日本国籍を有している者をいい，日本国籍を有しない非嫡出子については，父から認知を受けていることが必要です。

許可要件として，原則，「生計を営むに足りる資産又は技能を有すること」が求められていますが，例えば，DV被害により生活保護を受給しながら施設で暮らしている等，資産や技能が直ちに認められなくとも，事情に応じ，定住者への変更が許可されることがあります。

**(b) その他，離婚後も日本での在留を希望する場合**　また，日本人の実子を監護養育しない場合でも，「正常な婚姻生活・家庭生活」の実績等の事

情に応じ，離婚後に定住者告示に定めのない定住者への変更が許可される場合があります。

この点について，許可基準は公表されていませんが，旧法務省入国管理局（現出入国在留管理庁）より，「『日本人の配偶者等』又は『永住者の配偶者等』から『定住者』への在留資格変更許可が認められた事例及び認められなかった事例について」（平成24年7月公表，平成29年3月改訂）が公表されています。この資料には，婚姻期間や前配偶者との間の実子の有無といった事情の他，特記事項として具体的な事情も記載されていますので，当該資料を参考としながら，具体的な事情に応じて積極的と思われる事情を，資料をもって立証することが重要です。

### (2) 入管法別表第一（活動目的）の在留資格への変更が許可される場合

定住者への在留資格変更が困難である場合，入管法別表第一の在留資格への変更を検討することもあります。入管法別表第一の在留資格は，何らかの活動を目的として日本に在留する資格です。例えば，日本で会社経営を継続する場合，外国語の講師等，専門的技術的分野の労働者として働く場合等がこれにあたります。在留資格ごとに学歴や実務経験等の要件が定められていますので，変更の可能性については，具体的な状況に合わせて検討する必要があります。

また，2019年4月1日からは，「特定技能」の在留資格が創設され，それ以前とは異なり，外食業，宿泊業等，専門的技術的分野以外でも就労を目的とした滞在が認められる場合があります。

もっとも，「特定技能」の在留資格に変更するためには，原則として分野別の技能試験と日本語試験に合格する必要があります。日本国内で実施される試験の回数や時期は限られていますので，在留期限を迎える前に試験が受験できるかどうか確認が必要です。試験の詳細については，分野別に要領が定められており，法務省や分野ごとの担当省庁のホームページ上において公表されていますので，最新情報を確認してください。

【大坂　恭子】

# Q40

### 離 婚 と 氏

　私は，ガーナ人男性と婚姻し，婚姻してすぐに自分の氏を夫の氏に変更する届出をしましたので，私が筆頭者で，夫の氏の戸籍が編成されています。その後に生まれた子らも，私の戸籍に入り，夫の氏を使っています。

　離婚後は，私の氏は旧姓に戻したいのですが，子らは就学中で，現在の氏が日本ではとても珍しいということもあり，変更したくないといっています。

　私の氏のみを旧姓に戻すことはできるのでしょうか。また，子らが成年に達してから，私の氏のみを旧姓に戻すことはできるのでしょうか。

**A**　母親である自身の氏のみを旧姓に戻し，子らの氏をそのままにすることは可能です。外国人との婚姻によって氏を外国人配偶者の氏に変更した日本人が離婚後に復氏するには，手続が必要です。まず，戸籍法107条3項により，離婚の日から3か月以内であれば，復氏のための手続としては，届出のみです。子らの氏は，母親の氏の変更に伴い自動的に変更されることはありませんので，何も手続をしなければ，離婚前の氏を使用することとなります。

　子らが成年に達してから自身の氏のみを旧姓に戻す場合は，離婚の日から3か月以上が経過していますので，戸籍法107条1項により，「やむを得ない事由」（戸107条1項）が認められ，家庭裁判所に許可をもらう必要があります。もっとも，子らの生活に支障がないよう旧姓に戻る時期を配慮したということであれば，広く許可される傾向にあります。

● ● ● 解　　説 ● ● ●

### I　外国人配偶者の氏を称する

　外国籍の配偶者には，日本の戸籍がありませんので，外国籍配偶者の戸籍

226 第5章 離婚後の諸手続

に入籍することはありませんが，戸籍法は，婚姻の際に配偶者と同じ氏に変更し，離婚や死別の場合にもとの氏に復氏できるよう，以下の規定をもうけています。

■戸籍法107条2項

2　外国人と婚姻をした者がその氏を配偶者の称している氏に変更しようとするときは，その者は，その婚姻の日から6箇月以内に限り，家庭裁判所の許可を得ないで，その旨を届け出ることができる。

戸籍法107条2項は，婚姻の際に，氏を変更する根拠になる規定です。

■戸籍法107条3項

3　前項の規定によつて氏を変更した者が離婚，婚姻の取消し又は配偶者の死亡の日以後にその氏を変更の際に称していた氏に変更しようとするときは，その者は，その日から3箇月以内に限り，家庭裁判所の許可を得ないで，その旨を届け出ることができる。

戸籍法107条3項は，離婚した際に，復氏する根拠となる規定です。

ただし，これらはいずれも期間制限が定められていますので，離婚し，その日から3か月が経過している場合は，戸籍法107条1項の原則規定に戻って，家庭裁判所の許可を得る必要があり，その際，「やむを得ない事由」が認められなければ許可が下りません。ただし，旧姓に戻す場合は，他の氏に変更する場合に比べ，「やむを得ない事由」を緩やかに解釈されていますので，子らの就学の都合に合わせ，離婚後しばらく経ってから旧姓に戻す場合も，一般的には「やむを得ない事由」があると認められています。

なお，戸籍法107条3項は，戸籍法107条2項により氏を変更した者が，離婚後に旧姓に戻す場合の規定ですので，例えば，婚姻後6か月以上が経過してから，家庭裁判所の許可を得て氏を変更した者が，離婚後に旧姓に戻す場合には適用されません。この場合に旧姓に戻すには，家庭裁判所の許可が必要となります。

## Ⅱ 子の氏の変更

子の氏は，父又は母の氏が変更されても自動的には変更されません。

外国籍配偶者と婚姻した日本人親が，婚姻後，外国籍配偶者の氏に変更した場合，その後に出生した子は，日本人親の戸籍に入籍し，日本人親と同じく外国籍配偶者の氏を使用しているものと考えられます。

その後に親同士が離婚し，日本人親が旧姓に戻った場合には，当該日本人親は，新戸籍を編成し，子は，自動的には日本人親の戸籍に入籍せず，もとの戸籍に残ります（戸20条の2第1項）。他方，離婚前に日本人親の戸籍に在籍していた子が，日本人親とともに氏を日本人親の旧姓に変更する場合には，家庭裁判所の許可を得ることなく，「同籍する旨の入籍届」を提出することにより日本人親の旧姓に変更することができます（昭59・11・1民二第5500号民事局長通達，平13・6・15民一第1544号通達）。

もっとも，本件では，子らの氏を変更したくないとのことでしたので，母親が自身の氏のみを旧姓に戻し，子らの入籍届を提出しなければ，子らはそのまま従前の氏を使用することができます。

【大坂　恭子】

## 編者紹介

大谷　美紀子（弁護士）

---

**Q&A　渉外離婚事件の基礎**
　　──相談・受任から離婚後の諸手続まで

2019年7月23日　初版第1刷印刷
2019年8月7日　初版第1刷発行

| 廃　検 | ©編　者 | 大谷美紀子 |
| 止　印 | 発行者 | 逸見慎一 |

発行所　東京都文京区　株式　青林書院
　　　　本郷6丁目4の7　会社
振替口座　00110-9-16920／電話03(3815)5897〜8／郵便番号113-0033
www.seirin.co.jp

印刷・星野精版印刷㈱／落丁・乱丁本はお取替え致します。
Printed in Japan　　ISBN978-4-417-01766-0

**JCOPY** 〈出版者著作権管理機構　委託出版物〉
本書の無断複製は著作権法上での例外を除き禁じられています。複製される場合は、そのつど事前に、出版者著作権管理機構（電話03-5244-5088，FAX 03-5244-5089，e-mail:info@jcopy.or.jp)の許諾を得てください。